全球治理能力与国际组织人才培养丛书

海外高校
国际组织人才培养
体系概论

毛维准 ◎ 编

An Introduction on the Talents Training
for International Organizations
in International Universities

中国社会科学出版社

图书在版编目（CIP）数据

海外高校国际组织人才培养体系概论 / 毛维准编. —北京：中国社会科学出版社，2023.11

（全球治理能力与国际组织人才培养丛书）

ISBN 978－7－5227－2771－4

Ⅰ. ①海… Ⅱ. ①毛… Ⅲ. ①国际组织—人才培养—高等学校—教材 Ⅳ. ①D813②C961

中国国家版本馆 CIP 数据核字（2023）第 233500 号

出 版 人	赵剑英	
责任编辑	郭曼曼	
责任校对	韩天炜	
责任印制	王　超	

出　　版	中国社会科学出版社	
社　　址	北京鼓楼西大街甲 158 号	
邮　　编	100720	
网　　址	http://www.csspw.cn	
发 行 部	010－84083685	
门 市 部	010－84029450	
经　　销	新华书店及其他书店	
印　　刷	北京明恒达印务有限公司	
装　　订	廊坊市广阳区广增装订厂	
版　　次	2023 年 11 月第 1 版	
印　　次	2023 年 11 月第 1 次印刷	
开　　本	710×1000　1/16	
印　　张	13.75	
插　　页	2	
字　　数	178 千字	
定　　价	68.00 元	

凡购买中国社会科学出版社图书，如有质量问题请与本社营销中心联系调换
电话：010－84083683
版权所有　侵权必究

全球治理能力与国际组织人才培养丛书
总序

我们已经步入了一个国内与国际都与以往不同的新时代。在新的历史条件和历史方位下，我们需要对自身进行新的审视，做出新的改变，如此才能够适应并推动新时代的发展。

新时代的到来向我们提出了新的要求。中国正在以一种崭新的姿态面对世界。2016年9月，习近平总书记在中共中央政治局集体学习中强调，在国际力量对比消长变化和全球性挑战日益增多的背景下，"加强全球治理、推动全球治理体系变革是大势所趋"。党的二十大报告指出，我们应"展现负责任大国担当，积极参与全球治理体系改革和建设"。国家战略的调整推动着学科结构的与时俱进。"全球治理与国际组织"已经成为新学科目录下政治学一级学科下的二级学科。

在新时代征程中，中国特色大国外交需要彰显全球治理能力的提升。习近平总书记强调，要"提高我国参与全球治理的能力，着力增强规则制定能力、议程设置能力、舆论宣传能力、统筹协调能力"。全球治理能力的提升不仅需要实力和制度的支撑，更需要在一个微观层次上落脚在中国特色大国外交体系下的每一个实践者身上。人才是当今大国竞合的核心竞争力。习近平总书记指出，我们应"加强全球治理人才队伍建设，突破人才瓶颈，做好人才储备，为我国参与全球治理提供有力人才支撑"。我们有幸遇到"平视世界"的一代人，他们是拥有潜在大国国民特性和超强学习能力与适应能力的一代人。我们应为他们未来的茁壮健康成长贡献力量。

东升西降，时势在我。我们要有必胜的信心，更要有勇于学习的精神。在参与世界、融入世界和塑造世界的过程中，我们需要坚持战略信心和战略耐心，主动张扬自身探索的同时，积极虚心学习他者的经验，实现知识与经验涵化，推动文化和文明互鉴。

幸得中国社会科学出版社支持，我们在此发起"全球治理能力与国际组织人才培养丛书"，其一，立足中国，聚焦中国和平发展过程中的"全球治理能力提升"和"国际组织人才培养"之诸种相关议题，传播新知，激扬学术；其二，放眼世界，关注百年未有之大变局下的全球治理体系与国际组织之嬗变动态，致力于在新时代中寻找中国与世界互动的他山之石，呈现中国与世界共舞的己身之玉，以求贡献于教学与科研，助力于国家重大治理需求。

是为序，盼与学界同行互励共勉，不负时代！

毛维准

2023 年 8 月

目 录

前　言
一　中国在联合国等国际组织中的人员任职情况／1
二　中国在国际组织中任职不足的原因分析／5
三　中国近年来对国际组织人才培养道路的探索／10
四　其他国家在国际组织人才培养方面的探索情况／16

第一章　海外高校国际组织人才培养概况／22

第二章　美洲高校国际组织人才培养介绍／40
一　麦吉尔大学／40
二　哥伦比亚大学／45
三　普林斯顿大学／48
四　乔治·华盛顿大学／61
五　耶鲁大学／67
六　约翰斯·霍普金斯大学／77
七　芝加哥大学／86

第三章 欧洲高校国际组织人才培养介绍／95

  一 牛津大学／95

  二 爱丁堡大学／105

  三 圣安德鲁斯大学／115

  四 伦敦大学学院／122

  五 伦敦政治经济学院／126

  六 华威大学／130

  七 巴黎政治学院／135

  八 莫斯科国立大学／147

  九 马德里自治大学／155

  十 萨拉曼卡大学／158

第四章 亚洲高校国际组织人才培养介绍／163

  一 东京大学／163

  二 庆应义塾大学／168

  三 首尔大学／173

  四 高丽大学／176

  五 韩国科学技术院／184

  六 新加坡国立大学／186

  七 德里大学／192

  八 朱拉隆功大学／195

  九 泰国国立法政大学／198

第五章 中国国际组织人才培养的初步建议 / 202

  一 积极参与全球治理，深化与国际组织合作 / 203

  二 制定培养和输送国际组织人才的中长期目标 / 204

  三 搭建国际组织职员人脉网络 / 205

  四 重视多方位国际组织人才培养 / 206

  五 吸引国际组织落户 / 207

  六 精准响应微观层面的国际组织人才需求 / 208

编后记 / 212

前　言

一

中国在联合国等国际组织中的人员任职情况

党的二十大报告指出，世界之变、时代之变、历史之变正以前所未有的方式展开，世界百年未有之大变局加速演进。在大国战略竞争加剧的背景下，国际组织既是大国博弈的重要舞台和工具，也是大国竞争的拓展和延伸场，其地位和作用更显关键。面对未来数十年国际社会变革与发展的重大议题，国家急需一支庞大的精通技术管理、熟悉国际规则的国际组织人才队伍。

改革开放以来，中国经济飞速发展，综合国力不断增强，与世界各国的联系日益紧密，同时也面临诸多全球性问题带来的发展与挑战。在此背景下，中国开始不断谋求在国际组织中获得更大的话语权以便可以在国际政治经济新秩序的建设和维护中发挥更有力的作用。然而长期以来，由于国内外条件的制约，中国在全球治理中尚未能发挥与其新兴大国角色、综合国力相匹配的国际作用和影响力。以联合国为例，虽然中国已经取代日本成为联合国会费第二大贡献国，力图积极参与国际组织建设、参与解决全球性问题，但中国职员在联合国系统中的代表人数较少且职位偏低，这与中国的国际地位以及缴纳的会费比例严重不相符。

图0-1显示了2001—2023年部分国家联合国会费分摊比例情况，可以看到，进入21世纪以来，中国占联合国会费分摊比例迅速增长。2001—2003年，中国占联合国会费分摊比例仅为1.54%左右，而2016—2018年，占比即大幅度增长至7.92%，超过了德国（6.39%）、英国（4.46%）和法国（4.86%），仅次于美国（22%）和日本（9.68%），位居第三，同时中国承担的维和摊款比例也由6.64%上升至10.2%，一跃成为联合国维和费用第二大贡献国。[①]2019—2021年，中国缴纳的联合国会费分摊比例已经超越日本（8.56%）达到了12.01%的水平（近两年继续上升至15.25%），仅次于美国（22%），成为联合国会费第二大贡献国，同时在联合国的维和预算经费上，中国的经费分摊比例也进一步上升至15.22%。

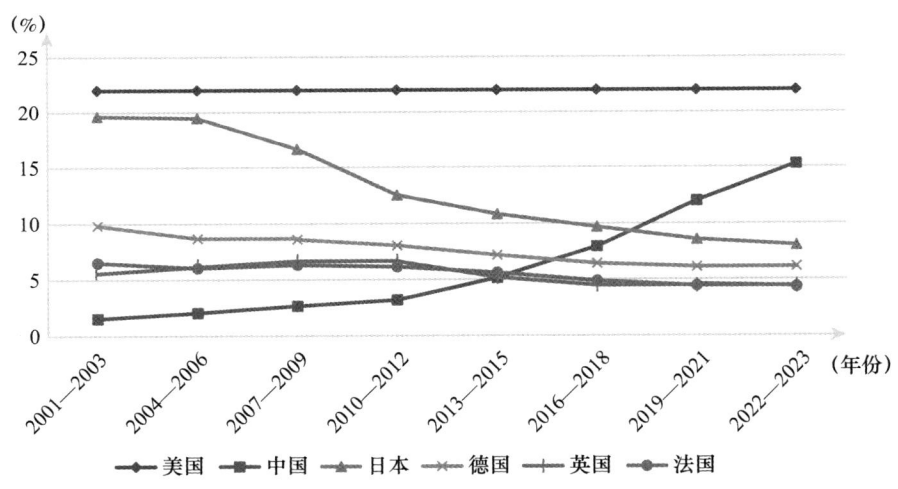

图0-1　2001—2023年部分国家联合国会费分摊比例

资料来源：联合国文件ST/ADM/SER. B/992；ST/ADM/SER. B/1038；ST/ADM/SER. B/1052。

[①] 张毅：《从联合国会费调整看国际格局和中国实力变化》，《世界知识》2016年第3期。

前　言

一方面，伴随着综合国力的提升和联合国会费分摊比例的提升，中国在联合国系统中的职员规模不断扩大，并尝试输送更多优秀人才进入联合国系统任职。联合国人力资源数据报告显示（见表0-1），在联合国系统任职的中国职员数量已经从2009年的794人（常规预算职员471人，非常规预算职员323人），增加至2021年的1471人（常规预算职员725人，非常规预算职员746人）。① 另一方面，与中国的会费缴纳比例和国家人口规模相比，中国公民在联合国职员总数中占比相对较小。表0-1比较了联合国安理会常任理事国在联合国的就业情况，数据显示，联合国在2021年雇佣了1471名中国公民（占联合国雇员的1.22%），② 虽然人数和比例均相较于过去十年有所增长，但仍低于中国根据财政贡献和全球人口所占份额所预期的人数比例。

表0-1　　联合国安理会常任理事国职员数量与所占比例　　　　单位：人

年份	中国	法国	俄罗斯	英国	美国	联合国职员总数
2009	794 (0.96%)	4320 (5.22%)	918 (1.11%)	2403 (2.90%)	4814 (5.82%)	82737
2010	844 (0.97%)	4271 (4.93%)	912 (1.05%)	2392 (2.76%)	4886 (5.64%)	86622
2011	886 (1.05%)	4212 (4.99%)	896 (1.06%)	2432 (2.88%)	5080 (6.02%)	84354
2012	888 (1.07%)	4174 (5.01%)	862 (1.03%)	2456 (2.95%)	5127 (6.15%)	83319
2013	885 (1.05%)	4188 (4.98%)	851 (1.01%)	2455 (2.92%)	5063 (6.02%)	84069

---

① United Nations System Chief Executives Board for Coordination, "UN System HR Statistics Report – 2009&2018, 2010&2019, 2021", https://unsceb.org/sites/default/files/2022-11/CEB_Personnel_Statistics_2022.pdf.

② United Nations System Chief Executives Board for Coordination, "UN System HR Statistics Report – 2021", https://unsceb.org/sites/default/files/2022-11/CEB_Personnel_Statistics_2022.pdf, p.95, 147.

续表

年份	中国	法国	俄罗斯	英国	美国	联合国职员总数
2014	893（1.07%）	4150（4.96%）	844（1.01%）	2419（2.89%）	4910（5.87%）	83618
2015	1011（1.03%）	4201（4.27%）	906（0.92%）	2375（2.41%）	5193（5.27%）	98469
2016	1035（1.06%）	4172（4.26%）	922（0.94%）	2379（2.43%）	4960（5.07%）	97891
2017	1115（1.06%）	4332（4.10%）	1004（0.95%）	2441（2.31%）	5275（4.90%）	105594
2018	1235（1.13%）	4375（3.99%）	1045（0.95%）	2483（2.27%）	5418（4.94%）	109589
2019	1336（1.17%）	4398（3.85%）	1084（0.95%）	2520（2.21%）	5464（4.79%）	114119
2020	1384（1.19%）	4364（3.75%）	1073（0.92%）	2537（2.18%）	5459（4.70%）	116388
2021	1471（1.22%）	4488（3.74%）	1114（0.93%）	2573（2.14%）	5567（4.64%）	119870

注：表中相关数据为四舍五入后的结果。

资料来源：United Nations System Chief Executives Board for Coordination，"UN System HR Statistics Report"，https：//unsceb. org/un-system-hr-statistics-report-2019；https：//unsceb. org/un-system-hr-statistics-report-2020；https：//unsceb. org/un-system-hr-statistics-report-2021。

截至2021年年底，中国在联合国的职员数量位居全球第23位，不仅远低于美国（5567人）、法国（4488人）、意大利（3700人）、英国（2573人）、加拿大（2007人）、德国（1832人）等发达国家，还少于印度（2506人）、巴基斯坦（1643人）和埃及（1563人）等发展中国家。[①] 中国在联合国系统中担任高级专业岗位的职员人数也少于大部分传统发达国家和许多发展中国家。此

[①] UN System Chief Executives Board for Coordination，"Personnel by Nationality"，https：//unsceb. org/hr-nationality.

外，中国不仅在联合国系统中任职总量较小，高层管理职位中中国职员更加匮乏，缺乏足够的代表性，难以及时、准确、有效地向国际社会发出自己的声音。因此，中国职员无论是在"质"上还是"量"上均存在很大提升空间。

联合国系统职位一般分为三个等级：专业及以上职类（professional and higher categories）、外勤事务（field service）和一般事务及有关职类（general service and related categories）。2021年数据显示，秘书处中专业及以上职员共有13641人，其中美国1239人、法国789人、英国606人、德国501人，而中国仅有429人。① 此外，中国在高级职位任职方面同样相对弱势，秘书处内高级官员主要包括副秘书长、助理秘书长、一级主管和二级主管四类，2021年秘书处内具有地域地位的高级别官员总数为374人，中国籍高级官员有13人，远低于美国（41人）、英国（22人）、德国（19人）、意大利（17人）、法国（16人），仅与印度持平，虽然略高于俄罗斯（12人）、加拿大（11人）和日本（11人），② 但考虑到中国缴纳的会费比例和人口总量，中国在秘书处高级职位任职的人数并不占据优势。

二

中国在国际组织中任职不足的原因分析

目前，中国在联合国等部分国际组织中缺少自己的代言人，呈

---

① UN General Assembly, " Composition of the Secretariat： Staff Demographics： Report of the Secretary-General", December 7, 2022, https：//digitallibrary.un.org/record/4000510？ln＝zh_CN。

② UN General Assembly, " Composition of the Secretariat： Staff Demographics： Report of the Secretary-General", December 7, 2022, https：//digitallibrary.un.org/record/4000510？ln＝zh_CN。

现出任职不足的状况，这是多种因素共同作用的结果。首先，中国参与国际组织的历史较短且重视度不足；其次，中国在国际组织人才培养和输送方面还存在一些问题；最后，受所谓"中国威胁论"影响，中国输送人才前往联合国等重要国际组织任职时还面临着西方国家的遏制。

（一）历史路径依赖

一方面，中国参与国际组织起步较晚、历史较短，可谓"先天不足"。从中华人民共和国成立到1970年，中国基本游离于欧美西方国家所主导的国际组织体系之外，基本上只参加了社会主义阵营内的一些国际组织。1971—1978年，中国恢复了在联合国的合法席位，同时与大批国际组织重新建立或恢复以往的合作关系，不过这一时期中国的国际组织参与仍然较为局限，主要加入了部分政治类国际组织，对于经济、贸易、文化等其他类型国际组织的参与则相对较少。直至改革开放后，随着国内政策的完善和国际交往的加深，中国才开始在经济、文化、社会等诸多领域全方位融入各类国际组织，谋求合作、推动实现新的发展局面。

另一方面，正是由于长期以来参与国际组织经验的缺乏，中国对国际组织重要性的认识不足，对于国际组织人才培养的重视程度也不够。直至目前，中国仍未设置专门的国际组织人才培养和协调机构，在国际组织人才培养上往往依靠高校与中央各部门"单兵作战"，缺乏统一的战略规划和完善的沟通机制，这使得大量优质资源无法得到充分利用，从而影响了人才培养的效率和质量。从当前路径来看，高校是中国培养和输送国际组织人才的主力，1979年中国开始有高校正式设立国际组织人才培养项目以培养翻译人才，但此后一度中断，直到21世纪初才开始出现新的有组织性的国际组织人才培养项目。长期以来这些项目更多着力于翻译人才的培养，尽管输送大批翻译人才进入国际组织，扩大了中国在重要国际组织中的职员比例，但中国公民在高端职位任职仍然存在较大缺口，尚未实现高级岗位的充分任职。

（二）西方国家在国际组织中的遏制

现行国际体系主要是在以美国为首的西方发达国家的操纵下建立起来的，欧美发达国家长期掌握着许多重要国际组织的领导权和决策权，并在联合国等国际组织的任职中也呈现扩张态势，这在很大程度上挤占了中国等发展中国家的任职空间，特别是近年来受所谓"中国威胁论"的影响，西方发达国家在国际组织任职上还存在着蓄意阻挠委任中国公民的现象。

以联合国为例，伴随着中国在联合国的会费缴纳比例不断提升，越来越多的中国公民开始进入联合国系统任职。然而，近年来有很多西方媒体与政客质疑中国职员的纯粹性与政治性，认为中国政府对其任职公民的期望与《联合国宪章》所载的中立原则背道而驰，不能履行《联合国宪章》第100条所要求的在工作中保持公正与独立的要求。① 也有西方媒体声称，尽管联合国职员在被雇佣时被要求宣誓遵守宪章的规则，然而有许多职员的遵守情况却"无法让人满意"。雇员对自己的行为或决定不会受到政府的惩罚、监禁或其他报复越有信心，他们就越有可能独立于本国政府的意愿或指令来履行自己的职责。② 还有其他西方媒体和政客认为"来自西方

---

① 《联合国宪章》第100条规定：第一，秘书长及办事人员执行职务时，不得请求或接受本组织以外任何政府或其他当局之训示，并应避免足以妨碍其国际官员地位之行动。秘书长及办事人员专对本组织负责；第二，联合国各会员国承诺尊重秘书长及办事人员责任之专属国际性，决不设法影响其责任之履行。

② Brett Schaefer, "How the U. S. Should Address Rising Chinese Influence the United Nations", The Heritage Foundation, August 20, 2019, https：//www.heritage.org/global-politics/report/how-the-us-should-address-rising-chinese-influence-the-united-nations.

国家的联合国工作人员经常独立于甚至违背他们政府的意愿行事；相反，专制国家向其国民施加压力，要求他们在国际组织内推进自己的利益"。① 西方国家不仅利用政治意识形态差异大做文章，直接将实行社会主义制度的国家定性为所谓"专制国家"，而且认为这些国家会在联合国内招募和评估他们的代理人来支持其全球情报工作并收集对国家有价值的科学技术信息。② 随着越来越多的中国公民进入联合国任职并担任部分高级职位，西方也将矛头指向中国职员个人，并指责中国利用其在联合国工作的国民对联合国的工作进行操控。2020年3月，世界知识产权组织（World Intellectual Property Organization，WIPO）总干事竞选期间，来自中国的候选人王彬颖（WIPO副总干事）被认为是最有可能获胜的候选人（1992年她开始在WIPO工作，已经担任该组织副总干事多年），然而在选举前，时任美国总统特朗普的经济顾问彼得·纳瓦罗（Peter Navarro）和WIPO前副总干事詹姆斯·普利（James Pooley）分别在《金融时报》和《外交政策》专栏中表达了所谓"中国窃取知识产权、中国候选人不能领导该组织"的观点。最后，来自新加坡的候选人邓鸿森当选，有学者分析指出王彬颖的落选与美国的影响和干涉有一定关系。

除了对中国职员所谓"专注维护本国利益"的指责外，西方国家对中国任职的遏制还来源于自身对掌握国际话语权的渴望。以美国为例，2014年至今国际电信联盟（International Telecommunication Union，ITU）由中国公民赵厚麟领导，该机构制定了一些通信网络

---

① Brett Schaefer, "How the U. S. Should Address Rising Chinese Influence the United Nations", The Heritage Foundation, August 20, 2019, https：//www. heritage. org/global-politics/report/how-the-us-should-address-rising-chinese-influence-the-united-nations.

② Brett Schaefer, "How the U. S. Should Address Rising Chinese Influence the United Nations", The Heritage Foundation, August 20, 2019, https：//www. heritage. org/global-politics/report/how-the-us-should-address-rising-chinese-influence-the-united-nations.

和技术的全球标准。美中经济安全审查委员会①在 2018 年提交给美国国会的报告中称:"国际 5G 标准将在 2019 年制定,以促进有望在 2020 年实现的大规模商业部署。中国政府正在鼓励中国公司发力在国际 5G 标准组织中发挥更大作用,以确保他们能够制定全球标准;这种领导地位可能会给中国带来国际公认的知识产权和技术,更高的收入和出口,以及对未来无线技术和标准制定更大的全球影响力"。② 美国代表团及其盟友希望在国际电信联盟等重要机构获得领导权,设法谋求掌管这些重要机构,以便拥有更大的科技话语权并成为全球标准的制定者。

(三) 中国国际组织人才培养体系和力度不足

近年来,中国高校、研究机构等开始着力探索培养国际组织人才,并取得了一定成就,中国前往各大国际组织中任职的公民数量也在不断增加。然而,中国培养国际组织人才历史较短、制度不够健全,仍存在很多问题需要改善解决。目前关于中国国际组织人才培养问题的讨论不多,主要集中在高校培养模式上,对于宏观层面上的人才培养研究较少。

从时间维度看,中国参与国际组织的历史较短,也没有设立研究国际组织的专门机构,这导致了中国对国际组织的整体研究不足且不成熟,缺乏对国际组织运行机制、人才选拔标准和程序、国际组织治理规则的了解。而一些欧美等发达国家则对此非常重视,比如德国成立了专门的国际组织人才办公室并定期出台国际组织调查报告,研究德国人在国际组织中的任职情况与人才培养情况。此

---

① 美中经济安全审查委员会全称为"美国国会中国经济与安全审查委员会"(U.S. – China Economic and Security Review Commission),是在中国入世背景下,美国国会为了监测中美贸易交往对美国经济与安全影响而于 2001 年特设的机构。

② Michael Mccaul, "The United States Cannot Cede the U. N. to China", *Foreign Policy Magizine*, 卷 1 册, September 24, 2019。

外，中国的国际组织人才培养在制度设计上也有待完善，北京师范大学国际与比较教育研究院院长刘宝存指出，中国目前缺乏明确的人才培养战略规划，虽然已有重要文件倡导加大国际组织人才培养力度，但中国目前还没有关于国际组织人才培养和选送的长远规划、全面培养机制和保障制度，这导致人才培养效率低下。[1]

在高校层面，虽然目前中国已经有很多高校开展了国际组织人才培养项目，但现阶段高校所开展的相关学科、专业和项目远不能满足中国对国际组织人才的需求。中国高校在国际组织人才培养上存在人才选拔机制、培养专业设置、项目课程设置等方面的问题。[2] 虽然近年来很多高校都设立了专门培养国际组织人才的学科、专业和项目等，但中国高校现行的学科专业分类标准和人才培养模式还不能满足国际组织对复合型人才的需要。[3] 同时，目前中国国际组织人才培养的师资力量也较为薄弱，大部分任课老师都没有接受过国际组织的专门培训，也缺少在国际组织工作的经验。相关教师队伍和研究水平还不能满足当下对于人才培养的需求，实现大规模高质量的人才培育和输出任重而道远。

三

中国近年来对国际组织人才培养道路的探索

随着中国参与全球治理能力和水平的不断增强，提升中国在国际组织中的话语权的任务也逐渐被提上日程，中国政府越来越重视

---

[1] 刘宝存、肖军：《"一带一路"倡议下我国国际组织人才培养的实践探索与改革路径》，《高校教育管理》2018年第9期。
[2] 李勇、魏婷婷：《高校完善全球治理人才培养体系研究》，《知识经济》2018年第19期。
[3] 刘宝存、肖军：《"一带一路"倡议下我国国际组织人才培养的实践探索与改革路径》，《高校教育管理》2018年第9期。

国际组织人才的培养与输送。2010年6月，中共中央办公厅、国务院办公厅发布《国家中长期人才发展规划纲要（2010—2020年）》，明确指出要"积极支持和推荐优秀人才到国际组织任职"，肯定了国际组织人才培养的作用和必要性。同年7月，国家中长期教育改革和发展规划纲要工作小组办公室发布《国家中长期教育改革和发展规划纲要（2010—2020年）》，指出为适应国家经济社会的对外开放，我国现阶段需要培养一大批"具有国际视野、通晓国际规则、能够参与国际事务和国际竞争的国际化人才"，也要求尽快完善落实国际组织方面的各项教育政策、规则、标准的研究与制定，在教育层面上为国际组织人才的培养保驾护航。2016年4月，中共中央办公厅、国务院办公厅印发《关于做好新时期教育对外开放工作的若干意见》。《意见》中明确提出选拔推荐优秀人才去往国际组织中任职的重要性，要求中国提升"在全球教育治理中的发言权和代表性"，通过国际组织人才等五类人才[①]的培养来积极参与全球治理。在国家政策的引导和支持下，中国高校、研究机构和社会组织也在不断地进行培养国际组织人才的尝试与探索。

（一）国家政策支持

2018年5月，在纪念马克思诞辰200周年大会上，中国国家主席习近平指出，面对当前全球化的深入发展，中国需要不断拓展与世界各国的合作，积极参与全球治理，在更多领域、更高层面上实现合作共赢、共同发展，不依附别人、更不掠夺别人，同各国人民一道努力构建人类命运共同体。[②] 这为培育国际组织人才提供了环

---

① 《关于做好新时期教育对外开放工作的若干意见》将五类人才界定为拔尖创新人才、非通用语种人才、国际组织人才、国别和区域研究人才、来华杰出人才。

② 中共中央党史和文献研究院编：《十九大以来重要文献选编》（上），中央文献出版社2019年版，第432页。

境准备和政策支持，其中"一带一路"倡议的提出是最具有代表性的举措之一。为提升参与全球治理的能力，2013年习近平主席在访问哈萨克斯坦和印度尼西亚时分别提出要与各国共同建设"丝绸之路经济带"和"21世纪海上丝绸之路"。截至2023年1月初，中国已经同151个国家和32个国际组织签署共200余份共建"一带一路"合作文件。[①] "一带一路"已成为当今世界上跨度最大、覆盖最广、活力最强的新兴经济带，其建设还会为上海合作组织、欧亚经济联盟、中国—东盟（10＋1）等国际组织带来新的活力与发展机会。"一带一路"倡议的持续发展，一方面将为国际社会和沿线国家提供更多的公共产品，促进沿线各国社会和经济水平的发展，有助于打造"人类发展命运共同体"，建立合作共赢的新型国际关系；另一方面则会大大提升中国的国家软实力和国际影响力。"一带一路"的提出及其海外实践展现了中国参与全球治理的积极姿态和示范力，这一国际发展政策也为越来越多的中国人才走进国际组织提供了强劲的后盾支持，对于未来推动构建国际政治经济新秩序意义深远。

（二）高校国际组织人才培养探索

中国高校培养国际组织人才始于北京外国语大学1979年开办的联合国译员培训部。该项目通过开设两年制研究生课程，旨在为联合国培养中文口译、笔译工作人员。自1986年起，经国家教育委员会批准，项目开始授予翻译理论与实践硕士学位。[②] 中国初期国际组织人才培养主要采取依托外语类院校发展语言翻译类人才的

[①] 《已同中国签订共建"一带一路"合作文件的国家一览》，中国一带一路网，2022年8月15日，https://www.yidaiyilu.gov.cn/xwzx/roll/77298.htm。

[②] 吴嘉水：《不一则不专，不专则不能——北外联合国译员训练部十年》，《外语教学与研究》1990年第2期。

模式，以北京外国语大学、上海外国语大学和四川外国语大学等专业院校为中心阵地，这些院校为中国培养了大批早期国际组织的翻译人才。

　　近几十年来，在外交部、教育部、人力资源和社会保障部以及各级地方政府教育部门的支持下，中国其他高校也纷纷致力于国际组织人才培养的各类学科、专业和项目建设。在新的时代背景下，中国对于国际组织人才的培养已经不再局限于语言翻译类，培养体系更加系统、综合、全面。目前中国很多高校都推出了项目名称直接包含"联合国""国际公务员"或"国际组织人才"等关键词的国际组织人才培养项目（见表0－2）。以四川外国语大学为例，为适应教育国际化趋势，其国际关系学院自2010年开始与英国埃塞克斯大学（University of Essex）合作办学，并于2015年正式启动了"SISU-Essex 3＋1国际组织人才实验班"合作办学项目，旨在培养能够参与国际事务和国际竞争的优秀人才。该项目采用"3＋1"本硕连读形式，要求学生前三年时间修完本校国际组织人才培养方案规定学分，完成强化语言基础和通识课程相关任务，第四年在国外学习，完成硕士课程任务，攻读硕士学位，学生就业方向主要为国际性组织和大型跨国公司。① 项目开展五年来，近130名学生已毕业，就业情况良好，3人进入国际组织实习。② 在合作学校的资源和平台支持方面，据埃塞克斯大学校长称，该校会为中国留学生提供一些校内翻译等实习职位，且中国留学生还有机会去往相关专业机构或大型国际组织实习。③

---

　　① 《2019年四川外国语大学国际组织人才实验班招生简章》，四川外国语大学官网，2019年9月10日，http：//www.sisu.edu.cn/info/1034/2395.htm。
　　② 《四川外国语大学国际关系学院2019年国际组织人才夏令营活动招生简章》，搜狐网，2019年6月6日，https：//www.sohu.com/a/319035463_618422。
　　③ 何洋、李静、吴岸：《"中英共同培养国际组织人才，期待下一个5年合作"英国埃塞克斯校长访问四川外国语大学》，《重庆与世界》2015年第11期。

表0-2　　中国高校高端复合型国际组织人才培养项目一览

培养模式	主办高校	项目名称	启动时间	专业或学位
学位培养	北京外国语大学	高级翻译班	1986	翻译理论与实践硕士学位培养
	上海外国语大学	国际公务员人才实验班	2007	翻译学士
	北京外国语大学	"探索国际组织需要的复合型人才"项目	2010	国际关系硕士
	对外经贸大学	国际组织人才基地班	2013	国际经济与贸易本硕联合培养
	四川外国语大学、英国埃塞克斯大学	国际组织人才教改实验班	2014	本硕连读
	浙江大学	国际组织精英人才培养计划	2015	面向全校和校友的辅修专业培养
	上海财经大学、美国福德汉姆大学等五所海外高校	国际组织人才培养基地班	2016	法律/金融/国际商务/会计硕士
	北京外国语大学	国际组织学科建设和人才培养基地	2017	法学硕士
	华中师范大学	国际组织人才培养方案	2017	"1+X"学士/硕士培养；本硕博连读
非学位培养	清华大学	国际组织人才训练营	2017	无专门学位
	北京大学	国际组织人才培养暑期项目	2018	
	南京大学	国际组织人才暑期训练营	2018	
	上海交通大学	国际组织人才训练营	2018	
	南开大学	国际组织人才培训班	2018	
	吉林大学	国际组织人才培养工作方案	2019	
	中国人民大学	成立国际组织学院	2019	

资料来源：相关高校官方网站。

(三) 推动国际组织机构实习

国际组织人才除了需要掌握完备的基础理论知识外，还需要具备相应的实践能力。为全方位培养优秀人才，教育部自 2014 年开始向联合国等重要国际组织派遣实习生，国家留学基金管理委员会也开始资助优秀人才赴国际组织实习，其先后与联合国教育、科学及文化组织（United Nations Educational, Scientific and Cultural Organization, UNESCO）、国际民用航空组织（ICAO）、国际电信联盟（ITU）、联合国粮食及农业组织（FAO）、联合国难民署（United Nations High Commissioner for Refugees, UNHCR）、国际贸易中心（International Trade Centre, ITC）等十余个国际组织签订了人员选派协议，选派类别涉及实习生、初级专业官员（JPO）和访问专家。自 2015 年开始选派人员以来，派出人员逐年递增，截至 2019 年 5 月已累计派出 591 人，其中绝大部分是实习生。① 2022 年 2 月，国家留学基金管理委员会（以下简称"留学基金委"）出台了《2022 年国际组织实习项目选派管理办法》，并先后计划选派两批共 171 人前往国际组织实习、任职，在资金上为实习人才提供往返国际旅费、资助期限内的奖学金和艰苦地区补贴。② 同时，留学基金委还开设了国际组织实习项目专栏，提供 15 个国际组织的实习机会并持续更新相关信息，并将一百多所高校和各省级行政单位办事处纳为国际组织实习项目受理单位。

---

① 《北京大学第十九期 IO Course 暨国际组织实习与国家留学基金资助政策宣介会举行》，北京大学新闻网，2019 年 5 月 23 日，http://news.pku.edu.cn/xwzh/acd4ac36b9444c59adad95f2348f5a07.htm。

② 《2022 年国际组织实习项目选派管理办法》，国家留学网，2022 年 2 月 24 日，https://www.csc.edu.cn/article/2241；《2022 年与有关国际组织实习生合作项目（第一批）》，国家留学网，2022 年 4 月 13 日，https://www.csc.edu.cn/article/2286?9FyBl6JDFLTe=1651103817293；《2022 年与有关国际组织实习生合作项目（第二批）》，国家留学网，2022 年 10 月 14 日，https://www.csc.edu.cn/article/2387。

除此之外，中国部分高校也开始与国外高校和国际组织加强合作来为学生提供海外实习机会。以上海财经大学为例，2016年上海财经大学与美国福德汉姆大学（Fordham University）等五所海外知名高校进行合作来建立国际组织人才培养基地班，使学生有更多机会前往海外进行学习。为进一步丰富海外实习资源，上海财经大学还与部分国际组织、政府部门和企业开展合作，为学生创造了更加全面的国际实习平台，并依托其财经类专业的优势与世界银行集团（World Bank）、亚洲基础设施投资银行（Asian Infrastructure Investment Bank，AIIB）等国际组织和花旗银行、德意志银行等跨国企业开展合作，迄今已输送了一大批优秀学生前往相关国际组织和企业进行实习。①

四

其他国家在国际组织人才培养方面的探索情况

在国际组织人才培养和输送方面，多个海外强国走在了前列。例如，美国依靠其强大的高校队伍来培养人才后备军，美国高校在培养国际组织人才过程中非常重视研究全球性议题，紧密关注国际组织动态方向，同时重视提高学生的实践能力，依靠人力资源网络来提供学习机会。日本从经济实力和比较优势入手，建立专门机构统一调配资源，利用"初级专业人员派遣计划"稳定输送国际组织职员。韩国也在大力输送国际组织人才，组建国际组织人才中心，从外交、教育和人事的角度给予政策扶持，此外韩国政府还专门吸

---

① 刘宝存、肖军：《"一带一路"倡议下我国国际组织人才培养的实践探索与改革路径》，《高校教育管理》2018年第9期。

引国际组织入驻,为本国公民进入国际组织就业和实习提供直接便利的机会。

(一) 美国的国际组织人才培养

美国作为联合国的主要创始国、总部所在地,以及会费分摊比例最大的国家,其在联合国任职的公民数量也远远超过其他国家。截至2021年年底,美国在联合国任职的公民多达5567人,是中国任职人数的3.78倍,在秘书处内担任高级别官员的公民人数有41人,是中国的3.15倍。[①] 美国凭借其庞大的任职队伍,在联合国中得以更直接有力地传递自己的价值理念,参与政策制定,掌握议事主动权,维护国家战略利益。

自联合国成立以来,美国源源不断地将具有任职资格的本国公民输送到联合国中担任重要职务,在其强大的国家软硬实力和话语权等政治因素影响之外,美国高校对于国际组织人才培养的模式与经验更加值得研究和借鉴。具体而言,哈佛大学(Harvard University)、乔治·华盛顿大学(George Washington University)、普林斯顿大学(Princeton University)等美国知名高校的国际组织相关专业的毕业生有较大比例进入国际组织工作。例如在2013年,乔治·华盛顿大学国际关系专业就有52%的硕士毕业生进入国际组织任职。[②] 总的来看,美国知名高校国际组织人才培养课程(或项目)主要有以下三方面的特点。

第一,重视全球性议题,紧密关注国际组织发展动态和方向。这些高校都会根据当下的全球性热点话题和本校的优势资源来制定

[①] UN General Assembly, "Composition of the Secretariat: Staff Demographics Report of the Secretary-General", April 22, 2019, https://digitallibrary.un.org/record/3809594, pp. 101-110.

[②] 闫温乐、张民选:《美国高校国际组织人才培养经验及启示——以美国10所大学国际关系专业硕士课程为例》,《比较教育研究》2016年第10期。

专业课程体系。以乔治·华盛顿大学为例，其国际关系硕士课程将横向区域研究与纵向专题研究相结合组成"矩阵"结构，学生可以根据自己的兴趣选取不同的重点研究领域（如亚洲研究、中东研究等），同时还要选取一个全球性议题（如核政策、国际法、国际经济事务、冲突及冲突解决等）来学习。①

第二，重视培养学生解决实际问题的能力，鼓励学生进行实践探索，拓宽学习深度。这些高校在课程中鼓励学生将国际组织理论知识与实践相结合，支持学生前往国际组织等机构进行实地锻炼，来提升能力和深化理论知识理解。很多大学通过与国际组织和跨国机构进行合作来为学生提供实践机会，如哈佛大学的国际政策实践项目，为学生提供出国深度实践机会，使学生有机会与当地领导人会面；哥伦比亚大学则与联合国合作，让学生可以去往一些联合国较为关注的国家和地区，如海地、乌干达等，部分学生甚至还可以参加安理会的一些重要会议和缔约国大会；耶鲁大学则直接邀请国际组织职员针对当下热点国际问题对学生进行授课，同时鼓励学生在课上与讲解人员合作寻找诸多国际问题的解决方案。

第三，重视国际组织人脉网络，整合利用国际组织资源。很多高校会利用人力资源网络来为学生们提供与国际组织重要职员的会面机会，哥伦比亚大学和马里兰大学都为学生提供了与国际组织官员的一对一午餐机会，使学生可以与国际组织职员在更加生活化的场景中进行更深入的交流，使得学生可以深刻地了解到相关国际组织在具体问题上的思维方式和运作解决方式。

（二）日本的国际组织人才培养

从 20 世纪七八十年代开始，经济实力日益强大的日本就提出

---

① 闫温乐、张民选：《美国高校国际组织人才培养经验及启示——以美国 10 所大学国际关系专业硕士课程为例》，《比较教育研究》2016 年第 10 期。

了走向"政治大国"的战略目标,凭借强大的经济实力"以经促政"。日本一方面依托日美同盟全面拓展国际政治空间;另一方面开始着力培养本国国际组织人才,通过财政支持向联合国等重要国际组织输送职员,力求在国际组织的人事布局中占据更多席位,以期赢得更大的国际话语权。截至2021年年底,日本共有1179位公民在联合国系统中任职,职员数量仅位居第28位(中国位居第23位),占联合国系统职员总数的0.98%,仍然处于任职人数不足的状态。①

为实现国际组织人才任职目标,日本首先将经济实力视为提升国际政治地位的重要基础,在"为世界作贡献"的旗帜下,日本通过对联合国的财政支持来谋求"相应的"政治地位与职员人数。②其次,日本外务省与相关省厅合作设立选举对策委员会,旨在瞄准国际组织干部岗位,建立国际组织选举应对机制。③选举对策委员会非常重视与国际组织搭建良好的人脉网络,利用国际组织关键干部的访日机会来推荐合适候选人。

更具开创性的是,为加强国内公务员与国际公务员之间的岗位流动,日本政府建立了较为灵活的公务员制度来鼓励在职公务员去往国际组织任职,同时引回部分国际组织职员在国内任职。这一做法一方面使得国内公务员有更多的机会与国际公务员展开交流获取经验;另一方面可以为国际组织输送更多的日本职员,提高日本职员比例。此外,日本政府从1974年以来就在实施一项国际机构人才输送计划——"初级专业人员派遣计划"(简称JPO派遣计划),主要由政府提供经费来选拔有意愿的日本青年去往大型国际组织进

---

① "Personnel By Nationality", UN System Chief Executives Board for Coordination, https://unsceb.org/hr-nationality.
② 姜勇泉:《论日本政治大国的实施方略》,《社会主义研究》2006年第3期。
③ 王玲:《日本在国际组织中的人事布局分析》,《全球科技经济瞭望》2015年第12期。

行为期两年的实习。截至2023年年底，日本政府已派遣1800多名JPO实习人员去往大型国际组织任职。① 一方面，这些实习人员可以学习到国际组织工作的重要经验，提升其工作能力和水平；另一方面，他们还可以在工作中建立良好的人脉网络，也有助于其日后竞聘正式职位。通常来说，派出人员在两年的派遣活动结束后，有50%—70%的人会被国际机构正式任用，② 而日本近年来通过JPO派遣制度获得国际组织职位的成功率接近70%，③ JPO派遣制度也成为日本输出国际组织职员最为切实有效的路径。

（三）韩国的国际组织人才培养

根据韩国外交通商部发布的统计报告，2006—2018年，在国际组织中任职的韩国公民人数保持良好的增长态势。截至2018年12月，58个国际组织中有韩国籍公民任职，总职员数为852人，而2006年仅有245人，④ 联合国系统中的韩国籍职员也从2006年的167人增加至2021年的520人。⑤

韩国自20世纪九十年代开始重视国际公务员的培养与输送，相关举措主要集中在以下三个方面。

第一，建立专门机构，有计划、系统性地选拔和培养国际组织人才。1996年，韩国外交通商部组织成立了"国际组织人才中心"，旨在通过调配项目资源对本国国际组织人才培养进行统一规划，利用一系列项目如联合国青年专业人员考试（YPP）、初级专

---

① 外務省 国際機関人事センター，"JPO派遣制度"，https：//www.mofa-irc.go.jp/jpo/seido.html。
② 唐永亮：《向国际组织输送人才——日本在国际机构扩大影响力的各种举措》，《世界知识》2014年第13期。
③ 王玲：《日本在国际组织中的人事布局分析》，《全球科技经济瞭望》2015年第12期。
④ 朴光海：《韩国培养和输送国际组织人才的策略及启示》，《对外传播》2019年第3期。
⑤ UN System Chief Executives Board for Coordination，" UN System HR Statistics Report-2006&2021"，https：//unsceb.org/hr-nationality。

业人员派遣制度（JPO）和国际组织青年职员培训计划等来培养国际组织人才。二十余年来，韩国以"国际组织人才中心"为主导，已经建立了一套在选拔输送国际组织人才方面相对完善的体系，为国际组织机构输送了一大批职员，提高了韩国在国际组织机构中的影响力与地位。

第二，建立人脉网络，提高本国职员成功录用概率。在国际组织出现用人需求时，往往会考虑优先录用内部候选人员或有工作经验的人，因此通过人脉网络掌握一手需求、进行一手推荐显得尤为重要。韩国政府会为韩籍国际组织管理干部提供一定的社交经费，以支持他们在国际组织中进行社交来建立人脉网络。2007 年潘基文当选联合国秘书长后，韩国政府就通过了 8.44 亿韩元（约合 491 万元人民币）的预算案，作为其就任前各种国际交流活动的开支。[①]

第三，组建公关团队，吸引国际组织落户韩国。国际组织总部或办公室驻地的选址对于城市的发展至关重要，不仅为本国公民在国际组织中任职提供极大便利，也会促成国际组织与世界城市之间的良性互动。韩国政府汲取日内瓦、布鲁塞尔、维也纳等欧洲城市的经验，组建专门的公关团队为落户韩国的国际组织提供政策支持与优惠，同时还与落户本国的国际组织展开合作，为本国公民进入该国际组织实习或就业提供机会。截至 2018 年 12 月底，已有 60 余个国际组织的相关机构入驻韩国。[②] 此举不仅为本国公民进入国际组织工作提供便利条件与机会，也在一定程度上增强了韩国在部分国际组织中的影响力。

---

① 郦莉：《国际组织人才培养的国际经验及中国的培养机制》，《比较教育研究》2018 年第 4 期。
② 朴光海：《韩国培养和输送国际组织人才的策略及启示》，《对外传播》2019 年第 3 期。

第一章

海外高校国际组织人才培养概况

在百年未有之大变局的时代背景下,联合国可持续发展目标正面临着严峻的挑战,全球治理赤字凸显,作为国际秩序重要平台的国际组织势必受到严重影响。与此同时,全球治理人才的培养也面临发展掣肘。随着中国深度融入国际社会,有效利用全球治理平台和有关机制的全球战略领军人才短缺问题已经凸显。对我们而言,培养进得去、做得好、留得下、提得上、有声音、有影响的国际化人才需要一段较长时期的爬坡努力。高等学府作为人才培养的重镇,应当在如何培养有强大国际胜任力的国际组织人才方面进行积极的反思与改进;在这一过程中,借鉴国外顶尖高校的经验必不可少。

作为培养国际组织后备人才和人才的最重要阵地,高校每年都会培养一定数量的人才前往国际组织实习、最终就业。本书借助领英(Linkedin)平台中入驻的联合国系统中五大重要的国际组织(包括联合国、联合国教科文组织、联合国环境规划署、联合国开发计划署、联合国儿童基金会)公布的注册员工毕业院校情况,对数据进行统计分析,筛选出最受国际组织青睐的人才的院校背景,并梳理分析这些高校值得借鉴的国际组织人才培养模式。图1-1显示了注册的在职人员毕业院校数量前五的高校。

第一章 海外高校国际组织人才培养概况

毕业院校（联合国 United Nations）
- 390 | 英国伦敦政治经济学院
- 389 | 美国纽约大学
- 337 | 英国牛津大学
- 333 | 美国哈佛大学
- 311 | 美国哥伦比亚大学

毕业院校（联合国教科文组织 UNESCO）
- 150 | 法国巴黎第一大学
- 147 | 法国巴黎政治学院
- 95 | Université Paris-Sorbonne
- 70 | Université Sorbonne Nouvelle
- 56 | 英国伦敦政治经济学院

毕业院校（联合国环境规划署 UNEP）
- 14 | 英国剑桥大学
- 10 | Geneva Graduate Institute
- 7 | 英国伦敦政治经济学院
- 6 | 英国牛津大学
- 4 | Tecnológico de Monterrey

毕业院校（联合国开发计划署 UNDP）
- 271 | 英国伦敦政治经济学院
- 126 | 英国伦敦大学－亚非学院
- 117 | 英国牛津大学
- 115 | 英国剑桥大学
- 111 | 美国哥伦比亚大学

毕业院校（联合国儿童基金会 UNICEF）
- 241 | 英国伦敦政治经济学院
- 212 | London School of Hygiene and Tro...
- 204 | 美国哈佛大学
- 160 | 美国纽约大学
- 141 | 英国牛津大学

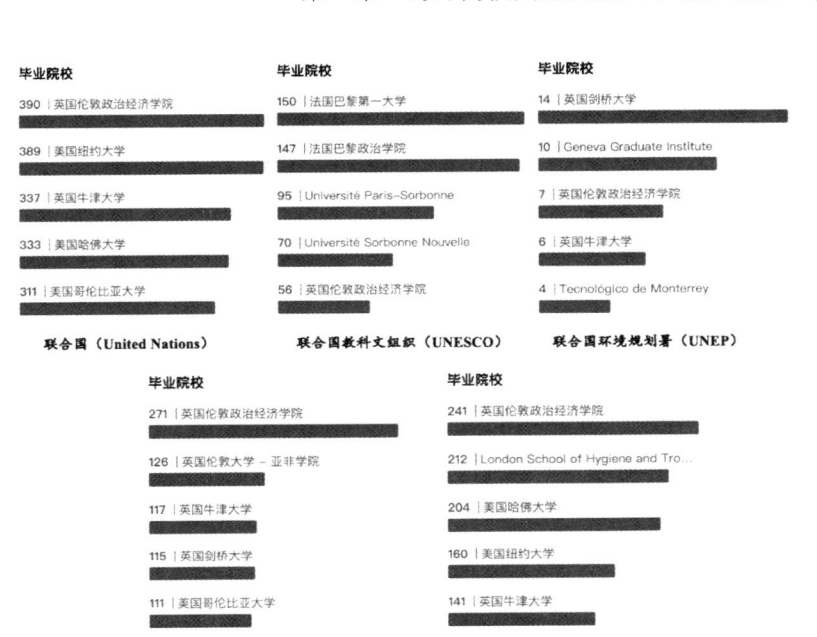

图 1-1 五大组织领英注册的在职人员毕业院校数量前五的高校

资料来源：笔者根据网络公开资料整理。

经过对院校出现频次的统计分析，上榜排名前五的院校由高到低分别是：英国伦敦政治经济学院、牛津大学、剑桥大学、美国纽约大学与哈佛大学。通过进一步对领英注册用户工作领域的筛选可知，毕业于上述院校的职员大多从事政策分析与制定工作，学历背景多与国际关系、项目管理、公共政策等专业相关。

基于此，在国际组织人才队伍培养大背景之下，本章基于 26 所海外高校的国际发展、国际事务等国际组织相关专业的培养方案，聚焦于机构设置、课程体系和特色项目三个维度，探究其国际组织人才培养模式。根据不同地区与不同办学层次，总共选取全球 26 所高校，其中亚洲 9 所，欧洲 10 所，北美洲 7 所（见表 1-1）。

表 1–1　　26所案例学校分布情况

洲际分布	国家	院校名称		
亚洲	日本	东京大学（TU）		庆应义塾大学（KU）
	韩国	高丽大学（KU）	韩国科学技术院（KAIST）	首尔大学（SNU）
	新加坡	新加坡国立大学（NUS）		
	泰国	朱拉隆功大学（CU）		泰国国立法政大学（TMU）
	印度	德里大学（DU）		
欧洲	法国	巴黎政治学院（SP）		
	俄罗斯	莫斯科国立大学（MSU）		
	西班牙	马德里自治大学（UAM）		萨拉曼卡大学（SU）
	英国	爱丁堡大学（EU）	伦敦大学学院（LC）	伦敦政治经济学院（LSE）
		牛津大学（OU）	圣安德鲁斯大学（SAU）	华威大学（WU）
北美洲	美国	哥伦比亚大学（CU）	普林斯顿大学（PU）	乔治·华盛顿大学（GWU）
		耶鲁大学（YU）	芝加哥大学（UC）	约翰斯·霍普金斯大学（JHU）
	加拿大	麦吉尔大学（MGU）		

资料来源：笔者自制。

（一）机构设置

本章对26所海内外高校负责国际组织人才培养的主要校内机构类型进行分类，相关机构主要发挥教学、科研与实践三个功能。其中，日常教学主要以学院与学科为单元，建设提升国际组织人才的专业知识、语言能力和相关技能；科学研究主要依托于各类研究所，对国际组织发展和联合国可持续发展目标等议题进行深入研究，储备学生在国际组织中需要的专业知识，培养学生对相关议题的兴趣和敏感性；实习实践主要依托志愿服务团、社群组织等实践性平台，将理论与实践结合，助力学生前往国际组织实习，提升学生的实践能力，加深对国际组织的进一步了解。

1. 教学机构

在这 26 所高校中，约有 36.7% 的高校负责开展日常教学的机构以学院和学科为单位。其中与国际组织人才培养密切相关的专业以学院为单位组成，如法国巴黎政治学院的国际事务学院、美国哥伦比亚大学的国际与公共事务学院、俄罗斯莫斯科国立大学的世界政治系、英国牛津大学的政治和国际关系系与牛津国际发展部、美国普林斯顿大学的政治系与公共与国际事务学院、美国乔治·华盛顿大学的哥伦比亚文理学院与埃利奥特国际事务学院、韩国首尔大学的政治外交学部、英国华威大学的跨学院研究中心和政治与国际研究学院、美国约翰斯·霍普金斯大学的保罗·尼采高级国际研究学院和芝加哥大学的哈里斯公共政策学院等。

这些大学依托自身作为综合性大学的优势，在对传统国际关系与政治学的研究基础上开展跨学科的综合性教学。以莫斯科国立大学为例，该校的世界政治系是国际组织人才培养的主要院系，该院系以跨学科综合性教学为基础，对广泛的世界政治问题进行研究，旨在发展学生的分析性思维和批判性思维能力，以及对发生在各种历史情境中的事件建立因果关系的能力。此外，和全球众多高等院校同属一类的院系基本类似，莫斯科国立大学世界政治系也是旨在培养具有广泛的历史学、政治学、经济学、法学、哲学及社会学知识的复合型人才，课程设置既是反映学科的特点，也是对相关行业需要的满足，并与国际组织人才的学习培养相配合。此外像巴黎政治学院的国际事务学院、华威大学的跨学院研究中心、浙江大学国精班等学院都强调培养跨学科人才和通识教育，由此也可窥见"通才"模式是未来国际组织人才培养的发展基调。

在这 26 所高校中，约有 20% 的高校，其关于国际组织人才的学科并不是一个独立的学院，而是学院下的一个分支。如英国爱丁堡大学的政治与国际关系专业、印度德里大学的社会科学学院政治学系、庆应义塾大学的政治学系和政治学研究科、泰国国立法政大学的文科学士和政治学学士、新加坡国立大学的政治科学专业等。

上述专业多依托于社会科学学科的院系设立，研究方向集中在国际关系、国际政治、法学等领域。比如庆应义塾大学有关国际组织人才培养的专业设立在该大学的法学部、综合政策学部和媒体与政策研究科，可以看出该校"国际＋专业"的人才培养思路。由于是规模较大的学院的分支学科，这些专业的体量通常较小，例如德里大学的政治系讲师不足 25 人，在读硕士生不到 100 人。值得一提的是，德里大学的国际组织人才培养思路也在寻求转变。此前，德里大学的研究网络大多与印度本国政治相关，对国际全局的内容研究较少，2017 年德里大学受执行委员会的支持创建了跨国事务学院，独立于政治系存在，开展跨国与比较学科研究。同时，德里大学还设立加拿大研究中心和发展中国家研究中心，对这两个课题进行单独研究。由此可以看出分支学科的研究重点转向国别区域研究和比较研究。

2. 科研机构

在 26 所高校中，大多依托研究所开展对国际组织相关议题的研究。如伦敦大学学院的教育研究院、麦吉尔大学的国际发展研究所、耶鲁大学的全球事务研究所和韩国科学技术院的全球英才教育院等研究中心。这些研究所以政策制定、发展研究为目标，以不同的国际议题为研究导向，有自身的研究课题和开设特色。除了帮助激发学生的研究兴趣，研究所还会组织学生在课余时间前往各类相关领域内的国际组织实习考察，例如，麦吉尔大学国际发展研究所下设专业授课老师、合作教授、实践教授和国际咨询委员会四个类别，实践教授和委员会教授会定期在所内开展讲座或指导活动，向学生们介绍最前沿的学说和研究；伦敦大学学院教育研究院为学生提供了较深入地接触国际事务的机会，该院的研究生可以前往联合国教科文组织、经合组织等国际组织进行实习考察。

一些高校研究院不仅将人才培养群体定位于大学生，还注重英才的早期教育。韩国科学技术院的全球英才教育院认为在21世纪培养以知识为基础的社会优秀科学人才是国家竞争力的来源，在早期发现科学英才、培养人才是国家一项重要政策。因此，该院招募小学5年级以上初中3年级以下的学生，对小学5年级到初中1年级学生用英语和韩语教授数学和科学，对初中2、3年级的学生开展深化课程。

3. 实践机构

除去对相关议题的专业知识和技能学习，本书选取的26所高校也注重培养国际组织人才的实践能力。这些高校会通过校内平台、社会服务团、就业中心等机构，为学生提供社会实践的机会。例如，巴黎政治学院在校内开设了内部平台Go in Global，助力学生寻找国际组织的实习机会；高丽大学设立社会服务团（KUSSO），旨在培养社区内、韩国社会、国际社会领导型人才，该社团于2008年创建，坚持开展社会服务活动，将校园与社区联结在一起，为高丽大学学生提供创造性社会服务机会，提高学生的实践能力。而在国内，浙江大学建立了隶属于校内就业指导中心的国际组织实习就业战略指导平台，每年定期推送浙大学生参与国际组织实习就业。

在中国国际地位新定位的背景下，本节在高校校内机构设置方面提出以下建议。

（1）打破学科壁垒，整合不同院系资源，设立复合型全球治理人才培养学科，国际组织人才相关教学机构不一定下设在外语类或国际政治门类下，可以依托于该大学的优势学科，同时加强提升人才的语言水平和国际视野。

（2）提升高校研究能力，下设独立的区域研究或相关议题研究的研究所,在国家之间的利益博弈过程中,相对独立的、具有研究单位性质的机构更容易获得国际组织认可,也因此能在国际事务中拥有一定的话语权,也可以帮助提升本校学生在国际组织人才市场上的认可度和竞争力。

(3) 推动大学与国际组织合作,联合本校就业指导平台和国际组织签约,依托国际组织现有的毕业生"实习—顾问—正式职员"的录用程序,为学生创造更多实习和就业机会。

(二) 课程体系

本章梳理了26所案例学校中下设国际组织人才培养方向相关专业的本科课程设置,并进行分类研究(见表1-2),认为课程设置方面具有三大突出特点:课程框架遵循"理论—实践"模式、课程选择国家民族特色鲜明、课程内容改革中非传统安全议题内容比重逐渐上升。

表1-2　　26所案例学校国际组织人才培养课程设置

课程分类	课程设置	教学目标
基础理论建构	政治学理论、国际关系导论、西方政治思想史、国际法、国际组织、外交学、议会研究、国际安全研究导论、国际行政理论	理论框架搭建
学术研究方法	政治科学定性研究方法、社会科学统计研究、社会科学中的分层与建模、数据库使用与研究设计、政治意义解释方法与批判、学术写作与批判思维、数据研究	实证研究技能培养
比较政治研究	世界政治中的非洲、亚太国际关系、拉丁美洲政治经济学、中东国家的历史与理论、国际关系中的波斯湾地区、中国政治与外交、比较欧洲政治、美国在亚洲的外交政策、日本外交与国家安全政策、朝鲜半岛的安全问题、全球化进程中的伊斯兰国家政治研究、阿以冲突、撒哈拉以南非洲的冲突与变化	拓宽全球视野

续表

课程分类	课程设置	教学目标
议题政治研究	当代女权主义辩论、儿童权利与安全、性别与政治代表性、环境政治、互联网与社会、亚洲核政治、难民危机与人权政治、种族主义与民族主义、世界移民政治、恐怖主义和反恐政治、全球人口挑战	全球热点话题关注
本国/本民族政治	英国宪法学、当代印度的安贝德卡尔、从影视艺术看当代韩国社会与政治、日本贸易政策、泰国4.0计划	国家认同/民族自信
交叉学科课程	贝叶斯统计方法、国际货币银行学、核能源与国家安全、媒体与抗议、神经政治学、物理学、化学、生物学	扩展学科视野
国际关系史	战后国际关系史、纳粹德国、苏联：俄国革命与共产主义崩溃、启蒙运动与宗教改革、亚洲反殖民运动与民主国家建设、冷战与欧洲一体化（1947—1992年）	建立世界历史观下的理性视角
第二外语课程	英语、德语、法语、中文、韩语、西班牙语、俄语、阿拉伯语……	区域研究能力

资料来源：笔者自制。

1. 课程框架遵循"理论—实践"模式

本书所选高校的本科阶段培养学制通常为三至四年，课程学习的基本路径如下。

（1）由表及里。从政治学科理论导论和关键概念引入，到政治科学定性、定量研究方法学习与个人研究设计；从政治思想史、国际关系史等宏大的概念和历史语境的铺垫课程出发，而后聚焦于特定历史时期、特定政治议题展开系统的专题学习。以澳洲国立大学的国际关系本科专业课程为例，一年级必修课程"国际组织导论"（International Organizations in World Politics）从不同理论维度解释国际组织的组织、运行及其在国际事务中产生的影响，旨在让学生初步了解国际组织，进而对其产生兴趣，并以此为职业追求。在高年级阶段则提供如联合国、世界银行集团等多个大型国际组织的专向选修课程，课程深入分析国际组织的结构和功能，并解释其推动全球可持续发展的运作逻辑，学生将通过分析复杂的可持续挑战（涉及多个可持续发展目标），站在组织政策设计者和执行者的角度为一个国际组织的行动计划制订建议，作出自己的贡献。

（2）从教授型课程向研究型课程转变。教师通常是低年级课堂上的主要角色，随着学年推进，学生自主研究在课程设置中比重增大，学生逐渐代替教师成为高年级课堂上的主角。低年级时期的课程话题通常较为宽泛，如"战后国际关系史""比较政治经济学""国际关系学导论"等引入课程，课程讲授需要专业教师作为职业学者的知识储备和作为专业老师的表达能力，并借此来构建学生的国际政治学科思维，学习国际关系学科背景，了解学科研究与发展前沿，培养学生遵守学术规范等学术素养，为后续高年级进行自主研究设计做铺垫。进入学制后半程，师生在课堂上的角色发生反转，学生成为课堂主体，通过嵌入小组合作、辩论等形式，让学生基于教授型课程的基础理论学习，通过选择自己感兴趣的国际政治话题，自主开展研究设计。两种课程的转变过程有助于培养学生的问题解决能力、合作能力、批判性思维、学术研究能力等，激发学生主观能动性，鼓励学生积极开展个人兴趣领域议题下的国际组织运作方式。以伦敦大学学院的政治与国际关系专业为例，一年级为通识教育，高年级课程则设置"国际组织：理论与实践"课程，专门讨论全球治理中的具体事务，介绍和分析环境、人权和全球市场等主要涉及的领域及相关国际组织，在整个课程中学生围绕着评价国际组织如何完成及实现既定目标这一主题进行，侧重对核心问题进行辩论。伦敦大学学院希望通过课程介绍国际组织运行的理论依据、采用的主要政策及其主要活动，让学生明白公共决策的困难，加深学生对全球化背景下国际组织及全球治理的认识。

2. 课程选择国家民族特色鲜明

高校针对国际政治、国际关系等国际组织人才培养方向专业的学科课程设置会根据国家自身特殊的地理位置、历史记忆而进行特色化设计。从案例高校各自的课程设置可以窥见其国家历史和政治传统，这是因为高校国际组织人才培养的终极目的，是服务本国在国际社会中的发展利益，维护国家在国际格局上的国家安全。

因此，相关专业的本科课程设置往往会立足本国、本民族独家的历史记忆，构建共同的政治语境，加强学生国家认同和民族自信。高校会根据现行国际政治格局下本国利益定位，从战略贸易伙伴、本国国际组织话语权与发展困境等角度出发，开展特定政治方向的研究。如莫斯科国立国际关系学院的国际政治专业本科高年级的必修内容是"贸易外交模块"课程，系统地学习俄罗斯重要的外贸合作伙伴——欧盟，包括欧盟的组织架构、欧盟关税设计规则等方面；英国爱丁堡大学针对英国苏格兰分离主义运动的国情背景开设多门选修课程——苏格兰社会与政治、苏格兰社会政策、苏格兰公共政策；印度德里大学厚植国家政治历史开设了"当代印度的安贝德卡""甘地，印度自治运动""世界政治中的巴基斯坦"等必修课程；新加坡国立大学鉴于本国作为东盟成员国，在国际政治本科阶段开设"国际政治下的欧盟和东盟"，课程重点是欧盟和东盟与大国（特别是美国、中国、日本、俄罗斯）以及相互之间的国际磋商、外交关系、贸易伙伴关系等，还涉及邻国研究、欧洲研究、国际法或国际关系方面的背景学习，这对学生未来进入东盟等国际组织工作有所帮助。

3. 课程内容改革中非传统安全议题内容比重逐渐上升

优秀的国际组织人才培养需要建设不断完善的课程体系，对课程设置不断进行与时俱进的改革。通过对案例学校的课程设置横向对比，本章发现各个高校普遍设置了女性主义政治、环境政治与外交政策等非传统安全议题的课程。课程内容改革与社会发展息息相关，以女性主义政治内容的添加为例，第二波女性主义运动兴起于20世纪60年代，并掀起了一波妇女解放运动的浪潮，女性群体呼吁在经济、政治、文化领域的权利性别平等，这些呼吁反映到国际关系和国际政治等学科上，则主要体现为对历史上女性贡献进行重新评估和书写，在政治思想史领域加入对女性政治思想家的考察，国际政治研究加入了新的性别维度，并不断发展得到重视。

同样，气候科学随着全球变暖话题而不断政治化，全球变暖衍生出议题下的专业国际组织，催生了国际行动与合作，推动"碳交易""碳中和"等重要国际贸易概念，环境外交、气候外交不断发展，《京都议定书》《巴黎协定》等国际条约建构下，国际环境外交话语体系出现的话语权南北不平等、国际合作低效等现象成为国际组织和国际关系领域讨论的新热点，国际气候治理和国家环境外交的不断发展，推动高校在课程内容设置中增加了环境、气候和可持续发展等话题。如约翰斯·霍普金斯大学除理论和研究设计的必修课程之外，剩余课程由学生根据自身在不同职业和区域的兴趣进行自主选择，获得进一步的实质性专业见解，选修课程的领域版块有：发展、气候和可持续性（Development, Climate and Sustainability），当代女权主义辩论（Contemporary Feminism Debate），技术与文化（Technology and Culture），等等。

（三）项目设置

学生社团和组织、实地参观与实习、实践工作坊、系列研讨会是院校培养国际组织人才设置的主要项目，这些项目可以通过培养专业技能、拓展国际视野的方式提升学生能力，也可以通过建构关系网络、提供实习机会的方式为学生提供工作机会。表1-3展示了上述4个项目如何赋予学生竞争力。

表1-3　　　　　　　　案例高校特色项目设置与能力培养

项目设置	学生能力		工作机会	
	培养专业技能	拓展国际视野	建构关系网络	获得实习机会
系列研讨会	√	√	√	
实践工作坊	√		√	
实地参观/实习			√	√
学生社团和组织	√	√		

资料来源：笔者自制。

1. 学生社团和组织

学生自发组织相关交流活动，在其中讨论全球治理和国际热点议题，模拟国际组织实际会议过程，与来自世界各地各学科的学生进行思想碰撞。

学生社团可以分为议题相关和国际组织相关。与议题相关的学生社团关注全球治理中的具体议题或国别地区，进行讨论和思考，兼顾对相关的国际组织的深入了解。涉及的主要领域有妇女、难民、人权等，例如莫斯科国立大学有中东地区主题的社团，英国圣安德鲁斯大学有脱欧主题的社团。莫斯科国立大学有由学生独立编辑运营的国际政治刊物 *NON PAPER*，旨在提供一个让学生分析世界政治问题、预测未来发展、了解世界动向的平台，可以帮助学生结合学习与实践，提高文书编写能力。关注某个特定国际组织的学生社团则提供了具体国家组织的架构与环境，学生可以在其中模拟实际会议。最为普遍的社团是模拟联合国，学生将从联合国会员国的角度辩论有关当前和历史性全球问题的决议。还有一类社团旨在为联合国儿童基金会等组织筹集资金。

学生社团和组织在国际组织人才培养方面的主要作用在于培养学生的专业能力，拓展学生的视野。学生们在社团运营和活动中提升交流表达能力和组织能力，对全球治理议题和国际组织环境架构有一个初步的理解，把知识与实践结合。但另一方面，这些学生社团和组织在专业技能培训和关系网络方面发挥的作用较小。

2. 实地参观与实习

外国高校最大的优势是与政府、非政府组织、国际组织等机构有密切的合作，能为学生提供丰富的实习机会和实地考察资源，例如澳大利亚国立大学的国家实习计划，为学生提供澳大利亚非政府间组织、国际组织、政府部门、智库的职位，还给学生提供参与澳大利亚大使及外交任务的机会，普林斯顿大学的国际实习计划（IIP）遍布50多个国家和地区，能够为学生提供到非政府组织、私人公司和公共利益公司的实习机会。

有些大学借助区位优势，开设实地考察课程。例如乔治·华盛顿大学设有 UN 360 计划，学生可以在华盛顿特区和纽约市的国际组织进行一学期的实地考察、讲座和研讨会等。在加深对联合国工作的理解的同时，学生们可以和该领域的专业人士和校友建立联系，并在这些组织内探索职业可能性。除了丰富的实习机会，良好的信息组织系统也十分重要，例如高丽大学的全球领导力中心网站列出所有实习计划的项目、日期、作者、截止时间等信息，能够减少学生寻找实习信息的工作量，相较而言目前国内高校主要以公众号推送形式展开，存在不够直观、清晰的缺陷。

实地参观与实习的作用在于获得实习机会，建构关系网络。真实的工作流程和国际化平台为未来有志于进入国际组织的学生提供了丰富的经验，提升了职业技能，丰富了个人履历。学生对国际组织的运作有了切身的体验和理解大大增强了他们的个人竞争力。实践过程中与校友和国际组织专业人士建立的关系网络也十分宝贵，可以为学生前往国际组织实习、任职提供捷径。

3. 实践工作坊

学生将在工作坊中自主分析、设计、实践和运行一项公共政策，学校会配备指导教授与业内人士，最后向相关领域的学者和国际组织的官员进行展示。

许多重视实践的大学在工作坊中引入政府机构、非营利组织或私人企业，作为向学生发起咨询的客户。这些机构提供真实的情景和客户需求，让学生深入了解真实业界的要求标准及相处方式，例如，芝加哥大学的哈里斯政策实验室（Harris Policy Labs），每个实验室都有不同主题和客户项目；耶鲁大学的实践性项目顶石课程（Capstone Course）取代了本科毕业论文，对学生做出实践要求，可见美国大学对实践的重视。

以联合国可持续发展目标（Sustainable Development Goals, SDGs）为主题的工作坊有利于学生进入相关议题领域组织工作。巴黎政治大学和华威大学都设有"可持续发展目标证书"项目。该项目为实现联合国可持续发展目标提供一系列创新性训练和国际合作，要求学生根据当地条件，自主设计并实施一个SDG项目，与社会中的组织进行合作，并在最后与全球著名可持续发展学者、官员和领导人展示项目。

工作坊的主要作用在于帮助学生培养专业技能，在接触客户的过程中建构关系网络。尽管并非在真正的国际组织中工作，但对政府机构或私人企业需求和行事作风的把握赋予学生在职场沟通的技能和技巧，把理论和知识付诸实践，明白计划与实际推行之间的差异。与不同机构不同专业人士的接触和沟通也一定程度上有利于学生建立关系网络。

4. 系列研讨会

知名学者或国际组织专业人士来到学校分享对国际治理和机构运行的前沿看法，与学生近距离沟通接触。

系列研讨会大致可以分为两类。

一类以专家为主角，为学生提供更广阔的国际视野与技能培训。例如耶鲁大学的世界研究员项目（World Fellows）邀请来自世界各地、各学科的杰出人才为学生举行每周一次的研讨会、课程与团体辅导，将其工作经验、经历等分享给学生，有助于加深学生的认知与体会。同时每个专家都设有一个学生联络人，旨在帮助研究员进行活动策划，更好地融入校园。学生联络人能够直接从研究员的辅导中受益，且研究员对于学生而言，可能是毕业后的工作伙伴，可能成为职业规划中的助力，是绝佳的"人脉关系网络"。乔治·华盛顿大学的飞跃计划（LEAP）中的研讨会邀请许多国际组织中的专业人士，旨在为学生提供学术课程之外的职业专业技能培训，例如政策制定写作、正式简报、拨款提案写作、演讲等技能，使他们成为一名有能力的国际事务从业者。

另一类研讨会则以学生为主角，给予学生们在学者、专家面前展示青年的力量与认识的机会。例如巴黎政治学院每年举行一次青年与领袖峰会（Youth and Leaders Summit），邀请国际事务领域的学者、专家、行业领袖与学生进行近距离交流，为青年学生提供了一个发声的平台。此外，巴黎政治学院每年还会选拔约150名学生参加巴黎和平论坛，与众多国家政要、国际组织领导人、企业家和其他行业领袖共同探讨全球治理方案。

研讨会拓宽学生国际视野，培养专业技能，同时一定程度上能建构关系网络。知名学者与专业人士分享的知识与经验有助于学生对治理议题和国际组织运行深入了解，理解专业技能的重要性，同时与他们的接触也有利于学生获得更多信息和职业机会。

5. 小结

从培养专业技能、拓展国际视野、获得实习机会、建构关系网络四个维度出发，国内高校国际组织培养项目在前两点上有所建树，主要以讲座、论坛为主，分享学者和国际组织专业人士的前沿观点，提供国际组织导向的职业培训。但是，缺少工作坊和青年峰会等实践机会。

高校的联合办学也有利于拓宽学生国际视野，给予学生国际化交流的机会。例如，北京大学国际关系学院与英国伦敦政治经济学院、瑞士日内瓦高等国际关系与发展学院、法国巴黎政治学院、日本东京大学、日本早稻田大学、美国蒙特雷国际关系学院等均有联合培养的双学位项目，与日本东京大学、韩国首尔国立大学共同执行三国间政府项目"亚洲校园计划"。

在获得实习机会方面，各高校与国际组织也建立了不少选派实习生项目，但是受区位劣势等因素影响，国内高校相比西方高校机会较少，而且对于学生来说，实习成本较高。在关系网络建构方面，讲座和论坛等形式使得学生和专业人士之间很难有长期相处沟通，校友网络的维系和利用也是国内高校的短板。

一方面，相关高校应致力于展现并利用有比较优势的外部条件。高校所在国家实力较强，国际影响范围广，所处城市经济发达，外事活动活跃，有许多国际组织分部，大量国际会议在此举办，学生国际视野有助于拓宽，也能够更多地获得实习机会。特别是有志于参加国际组织活动的学生具有天然优势，他们在国际组织的实习成本更加低、更加便利，同时与国际议题相关的公司也是他们实习的好去处，他们丰富的履历提高了进入国际组织的竞争力。致力于培养国际组织人才的高校可以借助区位优势，与当地组织联系，为学生提供更多参观、访问机会。

另一方面，相关高校也应该从内部建构具有竞争力的培养体系。其一，高校应充分重视"理论＋实践"的均衡课程内容设置，同时配备强大的跨学科师资支持。例如，有志于进入国际组织的学生可以报名参加国际治理工作坊，其中配备国际政治专业教师和相关议题如环境、经济等专业老师，实现跨专业指导。学生可以在此环境下根据国际组织的热点地区和议题搜集资料，分析情况提供意见。此外，学校应该积极联系当地企业或NGO，引进社会机构作为真正的政策咨询、企业公关的客户，让学生服务于他们的需求，在实践中锻炼文书写作和政策资料收集能力，明白用户需求和沟通在实际工作中的重要性。实践机会可以帮助学生在实践中培养专业技能，磨炼职业素养。

其二，高校应设法为学生提供强大的实践资源。高校可以依靠自身影响力与国际组织协调资源并且签约，每年选拔派送数量一定的优秀学生去参访，表现优异者可获得直通实习资格。就业咨询中心也设有国际组织方向的训练营和指导老师，使学生获得更多实习信息，培养其专业能力，从而更容易申请到国际组织，获得实习机会。

其三，相关高校还应为学生提供免签机构的官员交流机会乃至人脉资源。高校可以充分利用其强大的校友网络和影响力，每学期都举办校友周，邀请知名校友来到校园里。对国际组织有兴趣的同学可以在这周内申请与在国际组织从业的校友进行午餐会，了解校友的工作履历和所在组织的基本概况。校友周内，还应有一系列研讨会，校友和学生可以共同参加，探讨相关议题。专家的前沿知识可以拓宽学生的视野，给予学生展示的机会也有利于他们锻炼专业能力，在特定情况下可以获得赏识，获取一些发展机会。在校友周内，每位校友会配备一位学生联络员。这有利于学生获得专家更多的指导和建议，锻炼向上社交的能力，是绝佳的"人脉关系网络"。

其四，高校还应该加强国际化建设，创造丰富的国际交流机会。相关高校可以与其他学校合作，积极推行比较文化教育，互派交换生，在校生与留学生也有丰富的交流机会，有利于学生养成跨文化交流协作能力。例如，培养国际组织人才的高校可以支持发展国际或地区议题相关的社团蓬勃发展,支持学生创立自己的刊物并在上面刊登优秀学生的论文;也可以定期组织讨论会议,请专家指导论文和文书写作技巧。学生可以在这些活动中锻炼组织能力,培养对国际组织的兴趣,拓宽国际视野。

第二章

美洲高校国际组织人才培养介绍

一

麦吉尔大学

（一）学校介绍

麦吉尔大学（McGill University）是一所坐落于加拿大魁北克省的著名公立研究型大学。该校是 U15 大学联盟、英联邦大学协会、美国大学协会成员校之一，成立于 1821 年英国殖民时期，是历史悠久的加拿大"老四校"之首，与多伦多大学、不列颠哥伦比亚大学并称加拿大大学"三强"。该校两百年以来培育了 14 位诺贝尔奖得主以及 147 位罗德学者，数量远超加拿大其他高校。麦吉尔大学在麦克林期刊（*Maclean's*）发布的权威加拿大大学排名中连年稳居全国研究型大学第一名，在英国 QS 高等教育研究机构最新发布的 2022 年世界大学排名中位列全球第 27 位。

（二）负责国际组织人才培养的机构设置

麦吉尔大学国际发展研究所（Institute for the Study of International Development，ISID），由麦吉尔大学理事会于 2008 年 12 月成立，其渊源可以追溯到 1963 年麦吉尔大学在欧文·布雷彻（Irving Brecher）领导下成立的发展中地区研究中心（Centre for Developing-Area Studies）。

麦吉尔大学国际发展研究所的使命在于增进对社会、政治、经济和环境过程及条件的了解，使人们能够充分发挥潜力，与他人一起过上健康、有意义和富有成效的生活。同时，该研究所通过组建由教师、学生和各行业从业者组成的多学科团队来支持关键的尖端研究。其学术项目旨在培训新一代充满激情和创新的未来领导人所需的技能，对国际发展的概念、政策和实践进行严格规范和循证分析。通过在学术研究人员、国际发展决策者和从业者以及受其影响的社区之间架设桥梁，麦吉尔大学国际发展研究所正在努力创造和传播有助于理解和解决现实世界发展挑战的知识。

麦吉尔大学国际发展研究所的研究导向十分明确，集中在三个关系密切但有着一定差异的领域，即贫困和不平等、治理和社会、环境和可持续性。在麦吉尔大学国际发展研究所的学生培养中，也将其对学生学习和研究的目标要求定义为：重点关注发展中国家面临的诸多挑战，包括与社会经济不平等和福祉、治理、和平与冲突、环境和可持续性、发展相关的关键主题。对国际发展中关键议题的关注，使得麦吉尔大学国际发展研究所的学生可以积极探索国际发展的有关议题，储备在国际组织中所需的专业知识，培养学生对国际发展问题的兴趣度和敏感性。同时对这些议题的关注，导向了麦吉尔大学国际发展研究所在学生培养中方法论的要求，即利用严谨的知识，深入了解发展过程和经验，通过与社会和政治相关的发展研究，在学科内部和跨学科之间取得进展。

麦吉尔大学国际发展研究所在师资力量上十分雄厚，同时分工明确，包含了专业授课老师、合作教授、实践教授和国际咨询委员会教授4个类别。其中专业授课老师主要讲授本科生课程，包括必修课程、选修补充课程和方法课程。此外，人数众多的合作教授、实践教授和国际咨询委员会教授大多是其研究领域内的佼佼者，他们会定期在国际发展研究所开展讲座或者指导活动，与研究所开展合作研究。这些教授可以为研究所的学生带来各领域最前沿的研究，同时也激励着学生努力学习，向这些教授看齐。

（三）课程设置

麦吉尔大学国际发展专业仅开展本科教育，不招收研究生。本科生需要修够36个学分，其中包括关于经济学和国际发展的12个学分的必修课程，关于文化、人口与发展和政治、社会与发展主题的6个选修学分，以及来自其他补充课程中的12—15个学分和来自方法论课程的3—6个学分。

总的来说，麦吉尔大学国际发展研究所在课程设置上有以下四方面的特征：注重基础核心课程、提供全球多种视角、研究领域跨学科、注重方法类课程。

1. 注重基础核心课程

麦吉尔大学国际发展研究所本科生的基础课程包括了必修的经济学类（《微观经济分析和应用》《经济发展I》）和国际发展类（《国际发展简介》《国际发展的进阶主题》）共4门课程，以及在人类学类（《社会文化人类学》《发展人类学》）、地理学类（《全球地理和人民》）和国际发展类（《文化与发展》）共4门课程中选修一门，在政治学类（《发展领域/简介》《国际经济关系政治学》《国际政治：国家行为》）和社会学类（《文化与发展》）共4门课程中选修一门。这些课程都讲述各学科的基础知识，帮助学生掌握国际发展议题所可能涉及领域的专业知识。

以课程《国际发展简介》（Introduction to International Development）为例，该课程旨在让学生熟悉国际发展不可或缺的关键理论、方法、参与者、问题和评价，其中将特别关注当代发展领域的"可持续性"问题。课程讲授和讨论当代发展中可持续性概念所深刻反映的一个包容性、自下而上、长期导向的过程的价值，并且考察这些价值产生的变革性的结果。同时，对当前学者们越来越强调发展在手段和目的上的不可持续性问题的现象进行审视，考察其与可持续价值观的竞争。课程分为两部分：一部分是宏观理论，另一部分是主题问题。第一部分将提供国际发展的宏观图景，特别是关键的发展理论和概念，其中包括人的发展、现代化理论、新自由主义、发展状态、后发展理论和发展援助的有效性。第二部分将探讨一系列直接挑战可持续发展前景的全球困境，包括性别问题、健康问题、发展筹资、人道主义、难民威胁、环境可持续性、自然资源冲突、劳动力移徙、劳动力女性化和土著权利。总的来说，学生可以通过这门课学习到国际发展这一广阔领域的关键概念、理论、辩论和争议。

2. 提供全球多种视角

国际发展应该放眼全球，换言之，对国际组织人才的培养不能局限于某一特定问题，而是应该关注不同地区的不同议题，至少也应该提供与这些议题相关的课程，帮助学生对这些议题加深了解，为其进入国际组织奠定基础。

补充课程关注的地域基本涵盖全球，可以分为：加拿大本土研究、北美研究、东亚研究、地中海区域研究、非洲研究、南亚研究、东南亚研究、拉丁美洲研究、阿拉伯世界研究、伊斯兰世界研究以及较为特殊的土著和难民研究 11 种类别。这些课程可以在最大限度上拓展学生的视野，同时尊重学生兴趣，帮助学生确定未来发展方向。

3. 研究领域跨学科

麦吉尔大学国际发展研究所本科生在补充课程上有多样的选择，不仅仅是地域，课程关注的主题也十分广泛，大致可以分为农业学、人类学、地理学、历史学、经济学、文化研究、语言研究、国际发展研究、管理学、政治学、宗教研究、社会学、社会工作 13 个主题。这些主题相互交叉，保证学生可以从不同的领域学习和思考国际发展问题，提高学生在研究和实践中的多学科思考能力。

4. 注重方法类课程

方法类课程是分析和研究国际发展问题的重要工具来源，麦吉尔大学国际发展研究所本科生需要修 1—2 门方法类课程，其中涵盖了人类学（《人类学研究过程》）、经济学（《经济统计》）、国际发展研究（《定量开发方法》《人种学发展方法》）、政治学（《政治科学研究方法》《高级定量政治学》）和社会学（《社会研究中的统计学》《定量数据分析》《社会学的定性方法》）5 个主题。同时，在补充课程中，也有偏向于方法类课程的《发展研究项目》等课程。

（四）项目设置

麦吉尔大学国际发展研究所学生的实习实践由麦吉尔大学文科学院实践中心（Faculty of Arts Internship Program）统一指导，实习机会众多，且大多数质量很高，能够给学生提供前往世界各国国际发展组织和国际组织的实习实践机会，为学生毕业后进入国际组织提供前瞻性机会。

这些实习实践按照地域划分为非洲、亚洲、北美、拉丁美洲和欧洲，同时，按照组织可以划分为国内组织和国际组织，但在新冠疫情期间，持续开展的项目较少（见表 2-1）。

表 2-1　　　　　　　与国际组织相关的实习项目

实习项目组织（职位）名称	地区	组织类型
加纳民主发展中心	非洲（加纳）	国内组织
eLimu	非洲（肯尼亚）	国内组织
I-CAN	非洲（肯尼亚）	国内组织
女性教育运动	北美（美国）	国际组织
Synergos	北美（美国）	国际组织
联合国儿童基金会	北美（美国）	国际组织
加拿大博物馆志愿者联合会	北美（加拿大）	国内组织
黑人青年网络	北美（加拿大）	国内组织
气候现实	北美（加拿大）	国内组织
国际人权教育中心	北美（加拿大）	国际组织
人类发展和福祉研究所	北美（加拿大）	国际组织
国际可持续发展研究所	北美（加拿大）	国际组织
不止于言	北美（加拿大）	国际组织
社会正义纽带	北美（加拿大）	国际组织
联合国难民署	北美（加拿大）	国际组织
联合国难民事务高级专员	拉丁美洲（厄瓜多尔）	国际组织
联合国难民事务高级专员	拉丁美洲（危地马拉）	国际组织
经济合作与发展组织	欧洲（巴黎）	国际组织
加拿大常驻欧洲安全与合作组织代表团	欧洲（奥地利）	国际组织
加拿大常驻维也纳国际组织代表团	欧洲（奥地利）	国际组织

资料来源：笔者整理。

二

哥伦比亚大学

（一）学校介绍

纽约市哥伦比亚大学（Columbia University in the City of New York）是一所坐落于美国纽约曼哈顿上城区晨边高地的私立研究型

大学，是美洲大学协会的 12 个创始校之一，也是常春藤盟校成员。该校是纽约州最古老的高等教育学府，也是美国历史悠久的高等教育机构。目前哥伦比亚大学共设有 20 个学院，包括 4 个大学部学院以及 15 个研究所学院。哥伦比亚大学的商学院、国际与公共事务学院、新闻学院、法学院、医学院、工程与应用科学学院和师范学院等研究所及专业学院在国际上享有盛名。

（二）负责国际组织人才培养的机构设置

哥伦比亚大学国际与公共事务学院（School of International and Public Affairs，SIPA）被公认为世界上久负盛名的国际关系学院之一。学院成立于 1946 年，使命是强调实践锤炼促进对具有重大利益的地理区域的了解，并培养外交官、官员和其他专业人员以满足战后世界的复杂需求。学院起源于充满活力的地区性学院，利用哥伦比亚在历史、经济、政治学、语言学等领域的著名资源展示了一个跨学科的愿景。70 多年来，国际和公共事务学院培养了许多公共、私营和非营利部门负责任的领导者，通过教育学生服务并领导全球公共利益，学院致力于搭建关于全球面临的重大公共政策挑战的新知识社区。学位设置上，包括公共事务硕士、公共行政硕士等七类，涵盖经济、环境、政治等多领域。

哥伦比亚大学国际与公共事务学院目前有校友 24000 多名，分布于 160 个国家，其中有 45 位地区大使。根据 2022 年的官方统计数据，过半毕业生前往了公共和非营利的部门工作。学院在多边组织就业的学生多集中于联合国、世界银行集团、国际金融公司等重要国际组织。以 2012 年为例，选择在联合国相关机构或部门工作的学生，包括联合国儿童基金会、联合国发展项目等，占公共服务领域学生总数的 46%，这部分学生在联合国相关组织或者部门担任顾问、调研助理、团队领导等职位。除此以外，公共服务领域还有毕业生选择在外国政府工作，担任政府某一部门的部长，或者担任专家、顾问等。

(三) 培养课程体系设置

1. 语言课程

哥伦比亚大学对于国际关系专业学生的外语水平有着严格的要求，并且提供了相当充足的学习资源。有俄语、法语、西班牙语等近60种语言可以选择。同时，学校设有专门的语言资源中心，学生可以自由地选择任何一门学校开设的现代语言课程并且参加语言水平测试，以在第四学年前达到语言水平要求。

国际事务硕士项目（MIA）对于学生的语言水平有着严格的要求，学生需要在毕业前熟练掌握英语和另外至少一门外语，并且这两门语言需要在听、说、读、写四方面都达到中级水平。由于学生的文化背景差异，学院对语言水平的认定有多种途径。对于母语不是英语的学生，首先需要提供母语学习的相关证明，例如，提供该语言是其高中、大学的主要授课语种的相关证明，或是雅思、托福成绩证明；母语是英语的学生则需要通过学校组织的语言考试，学校设有不同语种的考试供学生选择，常见的有西班牙语、法语、德语等。

2. 专业课程

哥伦比亚大学国际与公共事务学院所设专业课程占比第一位的是经济类课程，包括经济学、金融学、会计学等。第二位是基础概念类课程，包括国际政治、国际关系、政治学等，涉及全球政治、政府间外交、国际援助等。此外，还有管理学类课程和职业发展课程。

以哥伦比亚大学国际事务硕士为例，在学生入学的第一学年，就开始修读职业发展课程。课程的主要内容为提供学生职业规划指导、专业发展，以让学生在第一学年里就对自己的职业生涯有着清晰的认识和明确的目标。课堂上，教授和学生均需身着正装，模拟求职者与应聘者的角色。通过这一课程设置，学生们能够熟悉工作面试流程，适应求职环境，建立起一定的职业自信。

（四）培养实践项目设置

哥伦比亚大学开设有 Capstone 工作坊项目，主要针对硕士生群体。Capstone 项目为学生寻找社会中的资源，匹配与学生专业对口的实践项目，并引入真实存在的客户。Capstone 项目具有较大的覆盖面，从主体广泛性来看，这些客户可能来自国际救援组织、世界银行集团、美国国际开发署、纽约市市长办公室等；从内容的广泛性来看，项目研究内容包括自然资源探索、政府机构的透明度研究、信息通信技术、学校测绘项目等。

不同于"重在参与"式的体验式实习，学校在项目进行过程中以及项目结束后，还有各种考察指标。在实习过程中，学生组成的团队需要邀请客户至少参加三次会议讨论，一般是每半个月一次，以及时跟进项目的进展。项目完成后，学生需要产出一份可执行报告，并且向学校口头汇报团队的研究成果，展示将理论成果转化为实际受益的可能性。除了学生的结课汇报，客户的真实反馈与二次合作意愿也是重要的考核指标之一。学校鼓励学生团队用出色的实习表现来吸引顾客进行二次合作，甚至建立长期的关系网络，真正体现出学生在实习过程中的创造成果与自身提升。

三

普林斯顿大学

（一）学校介绍

普林斯顿大学（Princeton University）位于美国新泽西州的普林

斯顿市，是世界著名的私立研究型大学，也是常春藤盟校成员，与哈佛大学、耶鲁大学齐名。普林斯顿大学成立于1746年，前身是"新泽西学院"（College of New Jersey），是美国革命前成立的9所殖民地学院之一，同时也是美国第四古老的高等教育机构。在流行文化中，普林斯顿大学往往令人联想到爱因斯坦、艾伦·图灵和约翰·福布斯·纳什（John Forbes Nash, Jr.）等著名学者。在2021年度的诺贝尔奖获得者中，有五位是普林斯顿大学的校友和教授，该校囊括了诺贝尔物理学奖、化学奖、经济学奖及和平奖，打破了世界纪录。

（二）负责国际组织人才培养的机构设置

普林斯顿大学主要有三个学院：工程和应用科学院，建筑与城市设计学院以及公共与国际事务学院，在国际组织人才培养方面最为突出的是政治系和公共与国际事务学院。普林斯顿大学政治系长期以来被认为处于美国顶尖水平，其教师团队包括近60名学者，他们的研究和兴趣跨越各学科。虽然政治系体量相对庞大，但其为本科生提供小班授课，课程包括基础培训以及政治学前沿工作的深度参与。普林斯顿大学公共与国际事务学院为希望从事公共服务，成为公共和国际事务领域领导者的本科生提供跨学科文科专业学习，以与政策制定、政策分析和政策评估研究相关的课程为基础，学生可以在其中学习经济学、政治学以及心理学或社会学课程。

（三）培养课程体系设置

普林斯顿大学政治系和公共与国际事务学院的课程很多都是符合国际化的发展倾向，以及教授有关国际化的发展内容，契合了国际组织的发展议题，与国际组织开展良好合作，争取培养能够适应国际化环境的优秀综合性国际人才。

1. 普林斯顿大学政治系

政治系的研究领域主要集中在国际关系、美国政治、比较政治、形式理论与定量方法、政治理论和公共法。关于国际事务的研究集中于国际关系领域，对该领域的理论和方法进行培训，同时培养学生关于安全研究、国际法和组织、政治经济学、跨国公民社会和规范分析的研究能力与兴趣，符合国际组织人才培养的专业要求。

定量分析是政治系本科生必不可少的课程，如"应用定量分析""定量社会科学导论"等，以此培养学生的定量分析能力，更好地适应国际组织中的专业知识要求。同时，该系还开设"国际秩序""国际安全""国际经济政治"等课程，增强学生对于国际事务的理解。

政治系的研究生则在定量分析的基础上增加了定性分析的课程，并对基础课程和专业核心课程进行进一步的深化与巩固，以提高学生研究的综合能力。

以具体课程为例，《国际组织》是针对性较强的培养国际组织人才的课程，在本科和研究生阶段均有设置。本科课程《国际组织》于2020年春季开设，课程内容关于国际合作与冲突，重点是政府间组织：如联合国、世界银行集团、国际货币基金组织，以及欧洲联盟和亚洲基础设施投资银行等区域组织。课程将研究这些组织的起源和效力，并注意美国和中国等强国以及较小的发展中国家的政治利益。学生的最终成绩由课堂小型讨论（precept）和两次考试组成，每堂课的重点是阅读一篇长达30页的文章并进行讨论。课程提出的阅读清单涵盖的议题比较广阔，既包括传统的民主选举问题，也涉及欧洲联盟等老牌国际组织，还包括日本、中国等亚洲国家在成立国际组织中的动态。

同时，在政治系2020年春季和2021年秋季的研究生课程《国际组织》中，主要教授内容是国家为什么要建立组织，什么决定了组织的设计和发展，这些组织是否仅反映了潜在的权力和利益等。课程介绍国际组织的理论，评估关键观点，并考察它们在安全、经济和环境政策领域的应用。研究生课上提出的阅读清单相对而言更加重视经典著作以及传统的政治安全议题，同时紧密围绕着国际组织的运作问题展开。

2. 普林斯顿大学公共与国际事务学院

普林斯顿大学公共与国际事务学院旨在进行公共和国际事务的研究，并致力于培养通晓公共行政和国际事务的专业人才。目前学科涵盖政治学、经济学、社会学、心理学、物理学、分子生物学、地理科学等多个学科。学院面向普林斯顿大学三年级和四年级的本科生开设本科项目。研究生项目则主要开设公共管理硕士（MPA）、公共政策硕士（MPP）和公共事务博士，课程十分强调进行实证性的政策研究，主要集中于国内和国际公共政策事务，培养了大批从事公共服务的从业人员。

（1）本科生课程设置

在学院的本科生的课程的设置中，学生必须在统计学、微观经济学、历史、政治、社会或者心理学各个领域选择一门课作为必修课，为最初的学习打好基础。在大三学年，学生开始进行专业课程和选修课程学习。学院本科生的专业课程在经济学、国际关系/政策、公共政策、全球正义方面比较集中，为学生了解国际政治经济以及国际公共政策提供了更多的课程支持，能提高学生有关国际化的基础知识和专业技能。

在选修课程方面，学校为其学生提供的选择很多，主要分为三类：人类福利和社会政策；安全和可持续发展；组织和网络。选修课的目的是帮助学生在公共事务和国际事务方面创建一个连贯的跨学科项目，在特定政策领域建立有深度的知识库。学生在进入学院时，应申报所属的研究聚集区及政策区域。学生可以从这个被批准的选修课列表中选择任何课程组合，但学校鼓励他们在所选的政策范围内选择课程。由此可以看出学校在给予学生多样化选择的同时，仍然引导学生将选修课上的兴趣点与自己的专业相联系，由此来进一步加深学生对于专业领域知识的学习与拓展。选修课程内容涉及国际政治经济、国家关系、全球环境、公共政策，在选修课程中，很多课程紧密围绕着全球议题，课程的国际化倾向非常明显，其中与国际组织直接相关的课程有4门，包括全球环境问题、全球正义问题、国际政治经济以及环境经济。

在语言课程方面，普林斯顿大学公共与国际事务学院着力于提高学生的语言交流能力，要求本科专业学生必须完成当前大学要求以外的至少一门外语课程。

（2）研究生课程设置

学院提供要求严格的研究生课程，来使学生形成公共和国际事务学科方面的知识体系。同时学院为研究生提供公共管理硕士、公共政策硕士和公共事务博士学位。从该院的研究生课程设置可知，对国际政策、国际事务研究的深度进一步扩展，不仅满足了国际组织人才培养的专业要求，而且在关于国际组织的公共政策与公共服务以及议题研究等方面也会有很大的作用。学院给不同的硕士学位项目设置了不同的培养方案，具体如下。

◆ 公共管理硕士（MPA）

公共管理硕士学位实行两年制，主要目的在于为国际和国内公共政策相关职业提供全面的准备，并提供跨学科培训，培养学生使用基于数据的分析能力来开发创造性的方法，以应对当今的公共政策挑战。学生毕业后将具备解决一些世界上最紧迫的政策问题所需的技能。核心课程包括五门：政策分析与实施心理学、定量分析、计量经济学、微观经济分析、宏观经济分析，主要培养学生政治、经济、定量和行为分析方面的技能。研究领域集中在国际关系、国际发展、国内政策以及经济学与公共政策方面，学生在各个领域必须各修读一门经济课程和政治课程作为入门课。

该学位对于申请学生的要求更加体现了国际公共服务倾向。学生对公共服务的热爱是申请中最重要的属性，这可以通过志愿者经历、实习以及专注于公共利益的全职专业工作经验来证明。除此之外，申请者还应表现出学术才能、专业能力、领导才能和影响力。所有MPA学生都需要参加为期三周的暑期课程。

◆ 公共政策硕士（MPP）

MPP计划提供严格的定量和政策分析培训，使学生能够具备在日益复杂的公共服务环境中担任更高领导职务所需的知识广度、组织技能和自信心。该学位的申请要求十分严格，申请者被要求至少有七年公共或非营利性部门的全职工作经验，申请者来自各种教育和专业背景，包括公务员、外交使团、军队、联合国机构以及医疗、人类服务、人权、人道主义救济、国际发展、法律、新闻、艺术、环境和国家安全。

◆ 公共事务博士（Ph.D.）

公共事务博士分为两个研究领域。

其一，安全研究。这个领域主要进行与政策相关的研究，以研究对国际和国家安全的主要威胁以及应对这些威胁所需的相关策略、机构和能力，核心课程集中于安全研究、定性分析、国际政治/安全/战略、战略武器、政策等，还必须修读两门方法论课程，并且确定自己的区域专长和技术专长。

其二，科学、技术和环境政策。专注于自然和社会科学方法论在政策领域的应用。在政策分析中，重点也放在自然科学与社会科学之间的相互作用上。学生需要必修定量分析方法课程以及经济学和政治学中的课程。

（3）跨学科设置：社会政策领域的联合学位项目

该院不仅为学生提供一些必要的跨学科培训，通过一些课程与研究中心的努力来提高学生对于多学科融合的理解，而且还设置了专门的跨学科项目。社会政策领域的联合学位项目是普林斯顿大学公共与国际事务和政治学、心理学、人口研究部门以及社会学在结合了基本的社会科学工作的协作努力之后，从一个多学科的角度研究经济不安全和不平等问题的项目。该项目有利于培养学生的跨学科交叉能力，符合国际组织人才培养中对于跨学科人才的需求。

（4）研究中心与计划

普林斯顿大学公共与国际事务学院设置了 21 个研究中心与计划（见表 2-2），绝大多数的中心与计划偏重于国际角度，侧重于国际安全、政策、政治、人口、环境、发展、事务等研究，可以明确地看出这些研究的侧重点围绕着当今国际上出现的热点问题，契合了国际组织大部分的议题和发展方向。

表 2-2　　　　　　　　　　21 个研究中心与计划

研究中心与计划（英文）	研究中心与计划（中文）
The Bendheim-Thoman Center for Research on Child Wellbeing's (CRCW)	本德海姆·托马斯儿童福祉研究中心
The Center for Arts and Cultural Policy Studies	艺术与文化政策研究中心
The Center for Health and Wellbeing (CHW)	健康与福祉中心
The Center for Information Technology Policy (CITP)	信息技术政策中心
The Center for International Security Studies (CISS)	国际安全研究中心
The Center for Policy Research on Energy and the Environment (C-PREE)	能源与环境政策研究中心
The Center for the Study of Democratic Politics (CSDP)	民主政治研究中心
The Education Research Section (ERS)	教育研究部门
The Empirical Studies of Conflict Project (ESOC)	冲突项目的实证研究
Initiative for Data Exploration and Analytics (IDEAs)	数据挖掘和分析计划

第二章 美洲高校国际组织人才培养介绍

续表

研究中心与计划（英文）	研究中心与计划（中文）
Innovations for Successful Societies（ISS）	成功社会的创新
The Julis-Rabinowitz Center for Public Policy & Finance（JRCP-PF）	朱利斯—拉比诺维茨公共政策与金融中心
The Kahneman-Treisman Center for Behavioral Science and Public Policy	卡尼曼—特雷斯曼行为科学与公共政策中心
The Liechtenstein Institute on Self-Determination（LISD）	列支敦士登自决研究所
The Niehaus Center for Globalization and Governance（NCGG）	尼豪斯全球化与治理中心
The Office of Population Research（OPR）	人口研究办公室
The Survey Research Center（SRC）	调查研究中心
The Program in Law and Public Affairs（LPA）	法律和公共事务课程
The Program on Science and Global Security（SGS）	科学与全球安全计划
The Research Program in Development Studies（RPDS）	发展研究中的研究计划
The Research Program in Political Economy（RPPE）	政治经济学研究项目

资料来源：笔者整理。

其中重点是尼豪斯全球化与治理中心。该中心致力于在普林斯顿建立一个知识社区，并促进参与全球化和解决国际治理问题方面的学术界和政策界之间的联系，解决当今最严重的问题，培养未来制定公共政策的领导人。对全球化的研究必然涉及经济学、历史学、社会学以及政治学等多个方面，因此该中心还致力于促进普林斯顿大学社会科学各个部分之间的更大融合和跨学科研究。该中心促进更广泛的学术和政策界的互动，并继续启动与其他学术和政策机构共同开展的许多项目，形成广泛的伙伴关系。该中心与许多国际组织积极开展合作，主办的讲座和会议吸引了许多来自美国政府和国际组织的高层官员，同时这些合作能促进学生在国际和公共领域的职业发展。

(四) 培养实践项目设置

为培养学生关于国际事务和公共服务的兴趣，普林斯顿大学公共与国际事务学院为学生提供了探索国际事务包括了解国际组织的建议、渠道、资源和机会等。

1. 本科生活动与职业发展探索

跨文化/实地经验：在学生的实地经验方面，学院要求每个本科生在二年级的第二学期之前必须通过学校认可的方式完成跨文化或实地锻炼。方式之一是在非营利组织、政府或国际机构组织中从事公共政策工作的实习（至少六周或240小时）。

政策研讨会：政策研讨会侧重于培养批判性思维和方法论。在研讨会中，学生以小组为单位在教职员工的监督指导下从事有关公共和国际事务中特定主题的研究。学生还可以参加一个旨在教授定量和定性研究方法的研究方法实验室。

本科生公共服务实习与职业规划：大学生职业发展（Undergraduate Career Development）为对政府和非政府公共服务工作以及实习感兴趣的学生提供支持，包括提供职业建议、通过电子邮件发送实习机会、建立职业小组，以及提供与校友的交流机会等。该计划还为无薪夏季公共服务实习提供资金，并提供以往学生对实习的评估。"职业指南针"可以帮助学生探索职业道路，并与可以在整个过程中提供帮助的校友保持联系。本科实习范围十分广泛，包括公共服务、儿童与家庭、教育、环境、政府、人道主义救济和国际发展等方面。在国际组织方面，学院积极鼓励本科生去国际或者多边组织实习，包括各个地区性的发展银行、区域性经济组织如亚太经济合作组织（Asia-Pacific Economic Cooperation，APEC）、石油输出国组织（Organization of Petroleum Exporting Coutries，OPEC）、政治领域的国际组织如联合国、北大西洋公约组织等。

2. 研究生活动与职业发展探索

（1）综合政策练习

在每年的一月，一年级的公共管理硕士（MPA）学生会被要求参加一个综合政策练习项目（IPE）。学生们会得到一些简介材料以提前预习，然后被要求针对一系列具体的政策问题提出解决方法和建议，最终提交一份全面的备忘录，其中很多问题均与国际议题相关。

（2）政策研讨会

政策研讨会针对的是现实世界中复杂且富有挑战性的政策问题，其目的是让学生深入了解该问题，并在相关的制度和政治约束下，提出具有创造性和现实意义的政策建议。每个研讨会由8—10名学生组成，他们以团队的方式评估政策挑战。大多数学生在秋季休假期间从事现场研究。每个研讨会通常会在秋季学期末制作一份最终报告，并向客户进行介绍。

（3）公共事务硕士暑期实习项目

学院会积极利用国际国内组织资源，与其开展合作，为其学生提供补贴资金，增进学生在一些组织机构中工作的经验，发挥自身的技巧，提高学生的适应能力，学习组织与机构的规则与运营，同时对国际关系和国际发展以及公共政策等领域具有更加深刻的理解，这些实习也为将来学生进入国际组织工作奠定了坚实的基础。

（4）非全日制学年实习（Part-time Academic Year Internships）

非全日制学年的实习主要集中在国家、地方和国际问题。学生们为一个公共事务组织工作，每周花费相当于一天的时间讨论一个具体的政策问题，让学生近距离接触和感受一些国际组织，提高适应的能力，增进对其的理解。

（5）其他

午后四点半：普林斯顿大学的"午后四点半"，邀请了来自世界各大国际政府间组织和非政府组织的知名人士，就公共政策和国际事务方面的议题做演讲。

青少年暑期学院（Junior Summer Institute，JSI）：青少年暑期学院是公共与国际事务学院、公共政策和国际事务（以下简称"PPIA"）组织开展的合作项目。PPIA 是一个非营利性组织，一直致力于增加公共服务多样性，着重关注那些在政府、非营利组织、国际组织和其他机构中担任领导职务的团体中代表少数群体的学生，这重点体现在设立 JSI 奖学金。PPIA 青少年暑期学院奖学金计划为来自不同背景的学生（主要包括代表性不足的种族和少数族裔，以及社会经济地位较低家庭的学生）提供研究生学习和公共政策职业的支持，以培养学生取得在公共政策、公共管理、国际事务或相关领域的硕士学位或联合学位。

自 1985 年以来，普林斯顿大学公共与国际事务学院就设立了青少年暑期学院，来自不同背景和观点，具有广泛生活经验的学生来到校园，以进一步致力于公共服务。通过鼓励多元化的领导人才从事公共服务事业，有利于加强全球政府和非营利组织的领导能力。每年 PPIA 都会与全国各地大学的有潜力的本科生进行交流，邀请其参加在高年级前的夏季举行的为期 7 周的 JSI 课程。除了普林斯顿大学的 PPIA 青少年暑期学院外，另外四所著名学校也开设了 PPIA 暑期学院：加州大学伯克利分校、卡内基梅隆大学、密歇根大学和明尼苏达大学。

除了以上介绍的学院的内部针对性培养之外，普林斯顿大学还在全校范围内设置了多样的实践项目来推动学生前往国际组织实习就业。

3. 普林斯顿大学的国际实习计划（IIP）

对普林斯顿学生来说，普林斯顿大学的国际实习计划（以下简称"IIP"）为希望在国外进行暑期实习的本科生提供指导和经济支持。IIP可让学生在暑假期间在国外生活和工作，并获得涵盖大部分费用的经济奖励，使学生可以获取宝贵的经验，扩大学术兴趣，使自己沉浸于新的语言和文化中，并通过在各个领域的实习机会探索可能的职业道路。IIP在50多个国家/地区设有分校，在大约60个国家/地区提供400多个实习机会，特别为非政府组织、私人公司和公共利益公司的普林斯顿大学本科生安排暑期实习，很多实习生曾在政府、媒体、教育、公共卫生和非政府组织以及金融和研究机构中任职。

4. 交流项目和双学位项目

学校为研究生设立奖学金来支持他们的学术和职业兴趣，研究生可以获得广泛的国际学习机会，其中包括在国外进行独立研究的机会。他们能够与合作伙伴机构的同行和教职员工进行合作，并利用国际资源进行进一步的研究。研究生院参与了许多合作伙伴关系、交流项目和双学位项目。这些项目为研究生提供很多国际学习的机会。

5. 校友计划

（1）普林斯顿校友会（Princeton Alumni Corps）

普林斯顿校友会是一个大学校友协会，其成员专门组织为促进公共利益而开展公民活动，其主要项目是公共利益计划（PIP）。该项目主要目的是为普林斯顿大学的学生和应届毕业生提供在非营利部门实习获得专业经验的机会，并帮助非营利组织招募有才能的员工。这些工作机会能够为刚毕业的普林斯顿大学毕业生提供公共利益方面的实践经验，使其对重大社会问题有更深刻的认识，更深刻地理解它们带来变革的能力，并终身致力于公民参与活动。

设立该计划的过程包括成立非营利组织。这些组织可以雇佣本科生进行暑期实习，或者邀请应届毕业生从普林斯顿大学毕业后做一年的研究员，为他们寻找导师，并为他们提供教育研讨会。同时校友会还对研究生奖学金给予支持，使年轻的校友与非营利组织相匹配。这些都为学生提供了一个接触与进入国际组织的机会。

（2）非洲普林斯顿大学（Princeton in Africa）

非洲普林斯顿大学帮助未来的领导人建立与发展同非洲人民和国家的联系，将年轻的专业人员与接待组织配对，以发展和贡献他们的专业技能。该项目为去非洲大陆的组织实习工作的应届大学毕业生和年轻校友提供为期一年的研究基金，研究员们通过他们的工作，为非洲的福祉作出重大贡献，同时非洲普林斯顿鼓励研究员与非洲社区之间建立有意义的关系。因此学校为这些学生提供的不仅是工作机会，更是一份在组织工作中的经验，这些学生可以利用他们的经验来开展国际发展事业。无论他们走到哪里，这些研究员在非洲普林斯顿的经历都会改变他们对生活、世界及其在世界中的作用的看法，有利于他们在国际组织中贡献力量。

6. 职业发展中心

在职业发展上，学校的职业发展中心为学生提供切实的指导和建议，通过举办活动，将许多领域的校友和从业人员聚集在一起，与学生就职业话题进行互动，使学生可以探索各种选择。同时一些校园招聘会也会为学生的职业前景敞开大门，同时学校还会积极利用校友资源，在学生与就业校友之间搭建沟通交流的桥梁；一些资深校友经常会为学生提供体验不同的工作环境的机会。

普林斯顿公民服务实习（PICS）是该中心开展的与国际组织相关的一个项目。大学生可以在广泛的国家和国际组织中申请8—10周的校友赞助的有薪非营利性暑期实习项目，包括法律服务、公共政策、卫生和社会服务、环境和教育。通过让学生参与有意义的服务，在美国和国外的社区合作伙伴组织中工作，有助于其将学术课程与实际问题联系起来，发展领导能力。

7. 学生兴趣组织

普林斯顿大学是一个高度自由包容的大学，学校对于学生的兴趣爱好组织活动给予积极的支持，学生可以参加自己喜欢的组织。同时学校设有本科政府中心和研究生政府中心来帮助这些组织，同时给予相关的经费支持。

（1）本科生学生组织

本科生学生组织中并没有直接的国际组织项目，但存在与国际组织人才培养方面部分相关，或者可以促进学生在这方面发展技能的组织，主要包括：国际关系理事会（International Relations Council）、普林斯顿外交官（The Princeton Diplomat）、关注联合国的 Princeton UNA-USA 等。

（2）研究生学生组织

研究生院有关于促进国际组织人才培养的组织与本科生院相比较少，主要有政治行为研究小组、政策学生政府、人类发展与可持续发展组织等，有利于培养学生的国际意识和进行国际服务的兴趣。尽管相关的组织较少，但是许多本科生组织对研究生也开放。

四

乔治·华盛顿大学

（一）学校介绍

乔治·华盛顿大学（George Washington University）成立于1821年，是一所坐落于美国华盛顿哥伦比亚特区的私立联邦特许研究型大学。该大学拥有3个校区和10个分支学院，国际货币基金组织和世界银行集团位于其校园内，白宫和美国国务院与其位于同一街区。这使其在国际事务参与和国际组织实习上拥有较强的区位和校友优势。

乔治·华盛顿大学在世界范围内享有盛誉，学校位列2023年QS美国大学排名第45名，QS世界大学排名第362名；① 在《美国新闻与世界报道》（*U. S. News and World Report*）发布的2022—2023高校排名中位列全球第271位。② 其埃利奥特国际事务学院（Elliott School of International Affairs）曾被《外交政策》（*Foreign Policy*）杂志评为"最佳国际关系学院"的世界第8名，③ 在世界政治与国际关系的研究领域中具有较强影响力。

（二）负责国际组织人才培养的机构与课程设置

乔治·华盛顿大学有两个和国际组织人才培养相关的机构：哥伦比亚文理学院（Columbian College of Arts and Sciences）政治学系，以及埃利奥特国际事务学院。

1. 哥伦比亚文理学院政治学系

该系的教育体系旨在充分利用华盛顿特区提供的区位资源，让学生设身处地地参与到国会山实习、观察最高法院的辩论，以及会见美国顶级记者的过程中，从理论、政策学习和实践探索两个层面深度研究"美国和全球范围内的政治行为和治理"。④

学生最终可以在毕业后获得政治科学专业下的文学或理学两种类型的学士学位，二者所对应的课程体系基本相同。包含以下五种课程：比较政治学、美国政府与政治、国际政治、法律与组织、研

---

① QS Top Universities, "QS World University Rankings 2023: Top Global Universities", June 8, 2022, https://www.topuniversities.com/university-rankings/world-university-rankings/2023.

② U. S. News and World Report, "Search U. S. News Best Global Universities", Octorber 24, 2022, https://www.usnews.com/education/best-global-universities/search? name = GWU.

③ Foreign Policy, "The Best International Relations Schools in the World", February 20, 2018, https://foreignpolicy.com/2018/02/20/top-fifty-schools-international-relations-foreign-policy/.

④ The George Washington University Bulletin Provisional Edition 2023 – 2024, "Political Science", March 14, 2023, http://bulletin.gwu.edu/arts-sciences/political-science/#text.

究方法和政治思想。与国际组织相关的课程有《国际组织》课程，主要讲授内容为集体安全、维持和平、贸易、金融、环境、人权等领域开展工作的国际组织的发展和运作，以及《全球治理》课程，主要讲授内容为世界治理的规则创建、修订和执行。①

2. 埃利奥特国际事务学院

埃利奥特国际事务学院是世界顶尖的国际关系学院，也是为美国政府提供外交政策建议的重要智库机构之一。学院在学士和硕士两个主要学位上的授课体系中开设了众多针对国际事务中重大问题的研究课程，具有很强的跨学科性质，并且配套提供了前往美国各智库、非政府组织、国际组织的实习实践机会。其中包括国际事务文学学士和理学学士课程中对冲突解决、当代文化与社会、全球公共卫生等主题的专题研究；② 国际事务文学硕士、国际发展研究文学硕士、国际政策与实践硕士课程中对可持续发展、经济增长与全球化、领导力与战略决策等问题的强调，以及在国际工作等方面的针对性提升。③

除此之外，学院会对每位学生的"聚焦度"（Concentration）提出特别要求，尤其是在学士课程阶段，这是为了提升学生学习计划中的学术性和专业性。在学院修读的学生需要对美国以外的至少两个地区进行针对性深入研究，并要求掌握一门第二外语。最终还

---

① The George Washington University Bulletin Provisional Edition 2023 – 2024, "Bachelor of Arts with a Major in Political Science", March 14, 2023, http://bulletin.gwu.edu/arts-sciences/political-science/ba/ba.pdf; The George Washington University Bulletin Provisional Edition 2023 – 2024, "Bachelor of Science with a Major in Political Science", March 14, 2023, http://bulletin.gwu.edu/arts-sciences/political-science/bs/bs.pdf.

② GW Elliott School of International Affairs, "Bachelor of Science in International Affairs", March 14, 2023, https://elliott.gwu.edu/bachelor-science-international-affairs; GW Elliott School of International Affairs, "Bachelor of Arts in International Affairs", March 14, 2023, https://elliott.gwu.edu/bachelor-arts-international-affairs.

③ GW Elliott School of International Affairs, "Master's Programs", March 14, 2023, https://elliott.gwu.edu/masters-programs.

需要在五个地区（非洲、亚洲、欧洲和欧亚大陆、拉丁美洲、中东）的九个议题方向（比较政治经济和社会制度、冲突解决、当代文化与社会、全球公共卫生、国际发展、国际经济学、国际环境研究、国际政治、安全政策）中选择任意一个进行研究，且成绩不能低于 C-，才满足毕业标准。①

（三）国际组织人才培养的实践项目设置

1. 领导力、道德与实践计划（Leadership, Ethics, and Practice Initiative）

"领导力、道德与实践计划"是埃利奥特国际事务学院的特色项目，简称"LEAP 计划"。它是由学院前院长，现任美国驻南非大使鲁本·布里吉蒂（Reuben E. Brigety II）所发起的，其目标是为学生提供除了学术课程之外的职业专业技能，使每一位硕士毕业生都能成为"有能力、有效率"的国际事务从业者。

在"LEAP 计划"中，埃利奥特国际事务学院设计了一套独特而全面的技能提升课程，其内容包括领导力、团队合作和道德操守提升；政策制定和政策管理学习，例如国会、外交政策和大使馆的角色；分析方法学习，包括红队分析（Red Team Analysis）、博弈和模拟、项目管理和评估；沟通交流学习，包括为政策制定者写作、正式简报、拨款提案写作、演讲和编辑等。学院正在计划对课程进一步审查和丰富，并且扩展至本科生当中。②

除此之外，"LEAP 计划"还开办了丰富多样的项目活动。项目之下设有以"道德的重要性"和"国际事务中的领导力"为主题

---

① GW Elliott School of International Affairs, "Bachelor of Arts in International Affairs Curriculum", https://elliott.gwu.edu/bachelor-arts-international-affairs-curriculum.

② GW Elliott School of International Affairs, "Leadership, Ethics and Practice Initiative", https://elliott.gwu.edu/leadership-ethics-and-practice-leap-initiative.

的长期系列讲座，主讲人往往是来自美国政府的外交人员、国际组织的从业人士，以及华盛顿特区的官员，在讲述自己职业生涯中的经验和挑战的同时，还向学生们分享坦率的领导力建议。"LEAP 计划"还举办了"危机模拟"（Crisis Simulations）活动，通过让学生扮演一场人道主义危机中的不同角色，模拟应对危机的过程，帮助学生深刻了解其中的权力动态、道德和政策困境，以及他们自己的信念、价值观和优势。① 以下是对部分典型活动进行举例。

2020 年 4 月 1 日，线上电影活动。问答环节由前美国参议院调查员丹尼尔·琼斯（Daniel J. Jones）主持，他以领导调查中央情报局在"911 袭击事件"后使用酷刑而闻名。琼斯是"推进民主公司"（Advance Democracy Inc.）的创始人兼总裁，这是一个无党派的非营利组织，在世界各地进行公共利益调查，以促进"问责制、透明度和良好治理"。

2020 年 4 月 14 日，埃利奥特国际事务学院与世界银行集团首席道德官豪尔赫·达贾尼（Jorge Dajani）就国际公共组织中道德操守职能以及如何创造基于价值的文化举办"促进国际组织的道德与领导力"活动。

2021 年 3 月 30 日，"LEAP 计划"举办线上主题研讨活动。核心议题为"新冠肺炎导致的家庭暴力案件的增加"。参与嘉宾包括联合国基金会负责女童和妇女问题的副主席米歇尔·莫尔斯（Michelle Milford Morse），非洲国际妇女研究中心的性别暴力问题高级专家卡罗尔·阿杰马（Carol Ajema），以及担任国际司法使命的高级项目官员杰西卡·凯尔（Jessica Kyle）。

2021 年 10 月 26 日，"LEAP 计划"举办"国际咨询职业：途径

---

① GW Elliott School of International Affairs, "LEAP Events", https://elliott.gwu.edu/leap-events.

和前景"研讨活动,旨在揭开国际咨询领域的神秘面纱,向学生展示如何进入该领域并脱颖而出。

2. 美国外交政策暑期项目(U. S. Foreign Policy Summer Program)

该项目同样由埃利奥特国际事务学院开办,为期两周的强化课程将由乔治·华盛顿大学的教师和来自政府办公室、智库、国际组织、非营利组织和媒体的领先学者和专家主持。参与学生将研究塑造美国外交政策的复杂因素,同时还将实地参观塑造美国外交政策的机构,如外国大使馆、五角大楼、美国国务院、美国国际开发署和世界银行集团等,以更好地了解制定和执行政策的体制环境。该项目致力于帮助学生培养从事与外交相关的职业所需的技能,特别是分析技能以及口头和书面沟通技巧。[①]

3. "UN 360" 计划

"UN 360" 计划由乔治·华盛顿大学校方主办,旨在为全日制本科生和在读研究生提供一个深度了解联合国及其合作伙伴组织的工作过程和机制的独特机会。参与学生将在华盛顿特区和纽约市进行为期一学期的实地考察,参加讲座和研讨会。这有利于学生加深对联合国及其合作伙伴工作的认识和理解,与该领域的专业人士和校友建立联系,并在这些组织内探索职业发展的可能性。

计划自实施以来已经带领学生实地访问了多个机构组织,具体包括美国红十字会、乐施会(Oxfam)、泛美卫生组织(Pan American Health Organization,PAHO)、联合国总部、联合国儿童基金会、美国常驻联合国代表团、世界银行集团、世界粮食计划署(WFP)等,[②] 已成为学校帮助促进学生就业以及与国际组织达成合作进行

---

① GW Elliott School of International Affairs, "U. S. Foreign Policy Summer Program", https://elliott.gwu.edu/usfps.

② GW Career Services, "GW UN 360", https://careerservices.gwu.edu/gw-un-360.

人才输送的重要窗口。

五

耶鲁大学

（一）学校介绍

耶鲁大学（Yale University）最初由康涅狄格州公理会神职人员于1701年创立，1716年迁至康涅狄格州的纽黑文，是世界著名的私立研究型大学、全美第三古老的高等学府、美国大学协会（Association of American Universities，AAU）的14所创始院校之一，也是著名的常春藤盟校成员。其本科生院与哈佛大学、普林斯顿大学齐名，历年来共同角逐美国大学本科生院美国前三名。此外，耶鲁大学还走出了包括克林顿（William Jefferson Clinton）、布什（George Herbert Walker Bush）在内的5位美国总统，以及19位美国最高法院大法官、16位亿万富豪等。

2022—2023年，耶鲁大学位列泰晤士高等教育（Times Higher Education）世界大学排名世界第9名、[1]《美国新闻与世界报道》（U. S. News and World Report）世界大学排名第11名[2]、软科（Shanghai Ranking）世界大学学术排名第11名、[3] QS世界大学排名第18名。[4]

---

[1] Times Higher Education, "World University Rankings 2023", March 20, 2023, https://www.timeshighereducation.com/world-university-rankings/2023/world-ranking.

[2] U. S. News, "Search U. S. News Best Global Universities", March 20, 2023, https://www.usnews.com/education/best-global-universities/search? name = Yale.

[3] Shanghai Ranking, "2022 Academic Ranking of World Universities", March 20, 2023, https://www.shanghairanking.com/rankings/arwu/2022.

[4] QS Top Universities, "QS World University Rankings 2023: Top Global Universities", https://www.topuniversities.com/university-rankings/world-university-rankings/2023.

（二）负责国际组织人才培养的机构设置

耶鲁大学的杰克逊全球事务学院（The Jackson School for Global Affairs，以下简称"杰克逊学院"）成立于2009年，以培养"全球事务领域的领导者"为要务，"提供跨学科的学术课程，激励学生为全球领导和服务做好准备",[①] 是耶鲁大学国际关系专业所在的研究机构，也与其国际组织人才培养有着直接、紧密的关联。

杰克逊学院设置三种学位：全球事务本科专业（学士学位，BA）、全球事务公共政策硕士学位（MPP）、全球事务高级研究硕士（MAS）。其中BA为四年制，MPP为两年制，而MAS则为已有一定工作经验的相关从业者提供一年制硕士学位课程。因为MAS面向的是已经工作的职业人员，相对来说是着重能力提升（而非着重于培养）的学位项目，且其课程要求、体系化程度也不如BA和MPP那样严格。

（三）国际组织人才培养的课程体系设置

1. 全球事务本科专业课程体系

杰克逊学院要求本科生必须修读的课程总共有13门，其中包括4门经济学课程（微观经济学、宏观经济学、中级微观经济学和中级宏观经济学），2门国际关系基础课程（国际发展路径、国际安全路径），3门方法论课程（应用定量分析Ⅰ、应用定量分析Ⅱ、其他方法论课程），4门选修课或研讨课以及一学期的"顶点课程"（Capstone Course）。[②]

此外，杰克逊学院要求学生掌握除英语外的一门现代语言（从

[①] Yale Jackson School of Global Affairs, "Overview," https：//jackson.yale.edu/about/overview/.

[②] Yale Jackson School of Global Affairs, "Courses," https：//jackson.yale.edu/academics/the-global-affairs-major/courses/.

指定的5门语言课程中选择）。从基础课程的设置来看，杰克逊学院倾向于培养学生的实证能力——对经济学基础和定量方法的要求，基础理论和具体议题要求相对来说较少，后者主要是通过学生自主选课来补足。

除以上必须修读的课程外，杰克逊学院同样提供更多、更广泛的选修课。以其2022年秋季的课程矩阵为例，这些选修课包括经济学、计算机科学、人类学以及全球事务的各项具体议题等（见表2-3），其内容往往聚焦热点，注重与现实世界的连接，关注对现实世界的思考。

表2-3　　　　杰克逊学院2022年秋季学期课程矩阵

领域/部门	课程名称
非洲研究	非洲独立；对撒哈拉以南非洲的发展援助：档案数据分析；非洲的流行病；非洲思想体系；通往非洲的门户
人类学	移民与跨国主义
计算机科学	法律、技术与文化
经济学	卫生经济学与公共政策；自然资源经济学；能源与气候变化经济学；国际金融危机；国际环境经济学；空间经济学；冲突的经济学分析；法律、理论与实践中的歧视
英语	新闻业
环境研究	环境政治；非洲殖民主义中的商品
全球事务	全球事务入门；应用定量分析；博弈论；美国全球权势的起源；民粹主义；1840年以来的帝国与帝国主义；国际法与合作的政治；全球经济；法西斯主义政治；核政治；国际安全的途径；1500年以来的西方军事史；政治学研究的科学哲学；拉丁美洲和加勒比地区的经济演变；中央银行；中国的崛起；国际金融；银行危机与金融稳定；联合国的在场；大战略研究Ⅱ；发展国家的国家状况；非洲教育和卫生项目评估；美国外交政策的政治；情报、间谍活动与美国外交政策；气候与社会
历史	尼采以来的欧洲思想史；中国从现在到过去；拉丁美洲的革命和冷战；1947年以来的印度和巴基斯坦
全球健康研究	疟疾、莱姆病和其他传播疾病
现代中东研究	中东性别与公民身份

续表

领域/部门	课程名称
政治科学	比较政治（国家，政权和冲突）；民主和可持续性；正义、税收和全球金融诚信；博弈论和政治科学；不公正的抗议；拉丁美洲的政治权力和不平等；世界宗教和政治；应用定量研究设计
统计学和数据科学	数据探索与分析；数据案例研究
社会学	量化社会学的方法
女性和性别研究	性别、正义、权力和制度；性与全球政治

资料来源：Yale Jackson School of Global Affairs，"Unsergrade Course Matrix-Fall 2022"，https：//jackson. yale. edu/wp-content/uploads/2022/09/Matrix-Fall-2022. pdf。

2. 全球事务公共政策硕士（MPP）课程体系

MPP 在两年内需要修读的课程有 16 门，其中核心课程有 4 门，分别是应用分析方法、全球事务的比较政治学、历史和全球事务、全球事务经济学。而学生同样可以通过选修大量的本专业和其他专业课程来加深对自己感兴趣的议题的了解。与 BA 相似，以 MPP 2022 年春季的课程矩阵为例，包括本专业的全球事务课程 35 门，非裔美国人研究 3 门，非洲研究 6 门，美洲研究 3 门，人类学 11 门，东亚语言与文学 4 门，经济学 4 门，工程与应用科学 1 门，欧洲与俄罗斯研究 3 门，历史学 12 门，艺术史 3 门，近东语言与文明 4 门，哲学 1 门，政治科学 14 门，心理学 2 门，宗教研究 2 门，社会与行为科学 4 门，社会学 7 门，统计与数据科学 9 门，女性性别与性研究 4 门。课程全面且具有很强的跨学科特性，注重学生综合能力和实际应用能力的培养。[1]

3. 本科特色课程

除常规课程外，杰克逊学院还为 BA 设置了两门特色课程——

---

[1] Yale Jackson School of Global Affairs，"Courses and Curriculum，" https：//jackson. yale. edu/academics/mpp/courses-and-curriculum/.

顶点课程（Capstone Course）和暑期实践（Summer Experience）。这两门课程对学生提高实践能力、直接参与全球事务管理有着极大的作用和裨益。

（1）顶点课程

顶点课程作为一个具有强实践性的项目取代了本科毕业论文。大四学生以小组形式，在老师的监督下代表客户（可以是美国或国外的政府机构、非营利组织、非政府间组织和私营企业）完成一个公共政策方案。在学期内，学生每周与指导教师开一次会，并在必要时走出课堂完成他们的方案。在学期开始或学期末学生会到客户所在地去考察。[①]

顶点课程被认为是一个互利项目，一方面，杰克逊学院的学生可以通过该方案设计获得实实在在的公共政策经验，学习怎样将其在课堂上学到的理论、经验应用于实践；另一方面，客户可能能够获得一个独立的、全新的专业视角来帮助其解决问题。这是一个双向学习、双方获益的过程。

顶点课程的设置具有很强的借鉴意义，有助于培养学生的现实关怀，提高学生的领导能力、解决实际问题的能力。就学生的感受而言，顶点课程"为学术和现实世界的工作提供了一座桥梁"。2022年秋季的顶点项目包括实施全球脆弱性倡议；记录在伊拉克的国际罪行；发展中国家的氧气战略；虚假信息和网络安全的中断；乌克兰及其影响；女运动员：时尚与平等；阿富汗和平进程的经验教训；（美国海军的）韧性（Toughness）；与世界卫生组织一起解决扩大卫生创新的挑战。[②]

---

① Yale Jackson School of Global Affairs, "Capstone Course", https：//jackson. yale. edu/academics/the-global-affairs-major/capstone-course/.

② Yale Jackson School of Global Affairs, "Capstone Course", https：//jackson. yale. edu/academics/the-global-affairs-major/capstone-course/.

（2）暑期实践

严格来说，"暑期实践"可能并不算杰克逊学院为本科生开设的一门课程，它并非硬性要求，而是学校的软性激励——为学生暑期的实习或者独立研究项目提供奖学金。

为此专设的奖学金具体有两种：一种是国际公共服务奖学金（Les Aspin 60 International Public Service Fellowships），为学生有关国家安全和国际事务的暑期实习设立，实习机构可以是美国政府机关、非营利性组织或非政府组织；另一种是国际研究和实习奖学金（Leitner International Research and Internship Fellowship），为本科生着手有助于理解国际事务的项目提供支持，可以是独立研究项目、实习或者正式的学习课程。[①] 奖学金的设立对于学生而言既是物质激励也是荣誉的激励，在杰克逊学生社群中很容易形成做暑期项目的氛围，对于全球事务的实践而言有着重要的意义。

（四）国际组织人才培养的实践项目设置

杰克逊学院的人才资源包括校友、高级研究员、耶鲁各院系的师资力量等，其中莫里斯·格林世界研究员计划（The Maurice R. Greenberg World Fellows Program）颇具亮点。

从2002年开始，耶鲁大学每年会选择一批来自世界各地、各学科的杰出人才在本校居住四个月（目前以杰克逊学院为基础），一般是从8月到12月，以实现"发展智力、分享知识、增强技能并扩展网络"，目前已有近400位世界研究员，在91个国家做出他们的贡献，并始终保持与耶鲁大学的联系。[②]

---

① Yale Jackson School of Global Affairs, "Summer Experience", https：//jackson. yale. edu/academics/the-global-affairs-major/summer-experience/.

② Yale Jackson School of Global Affairs, "Overview：The Maurice R. Greenberg World Fellows Program", https：//jackson. yale. edu/admissions/greenberg-world-fellows/program/.

表 2-4 整理了 2022 年 16 位"世界研究员"的所属国家及其关注的领域，其中有 10 位是国际组织的工作人员或有在国际组织的工作经历。这些研究员大多来自世界热点地区，关注领域广泛且许多也在热点领域中（如科技、教育、人权与可持续发展等）作出了贡献。

表 2-4　2022 年耶鲁大学"世界研究员"所属国家与关注领域概况

所属国家	关注领域	是否国际组织工作人员/工作经历
埃及	政府与政治、青年发展	是
越南	教育、性别暴力、青少年援助	是
印度尼西亚	教育、科技	否
巴基斯坦	政府与政治、健康、教育、人权	否
秘鲁	建筑与城市规划、可持续发展	否
乌拉圭	文化、艺术、人权	是
意大利	粮食安全、生物医学、新兴技术	是
白俄罗斯	政府与政治、戏剧文学、人权	否
加纳和英国	非洲文化传播、女权	是
黎巴嫩	法治、人权、反腐败	是
南非	青年发展、领导力培育	是
南非	抗击疫情、粮食安全、可持续发展	是
德国	科技、数字主权、政府与政治	否
印度	全球出版	否
日本	青少年援助、领导力培育、人道主义援助	是
中国	环境保护、可持续发展	是

资料来源：The Maurice R. Greenberg World Fellows Program, "CLASS OF 2022", Yale Jackson School of Global Affairshttps://worldfellows.yale.edu/class/class-of-2022/。

莫里斯·格林世界研究员计划包括每周一次的研讨会、课程与团体辅导、团体旅行等，其项目与耶鲁的在校生发生更直接关联的是主办活动与学生联络人（Student Liaisons）两项。在主办活动中，研究员通过发表演讲和参加小组讨论会的形式（9 月初还有开放日"世界研究员之夜"，每年都会吸引上百名与会者）将其工作经验、经历等分享给学生和教职工——这些研究员大多来自世界热点地区，是热点领域的从业者，可以说其带来的是对实务工作的前沿认识与经验，有助于加深学生的认知与体会，缩小其毕业后从学术转向实务需要跨越的隔阂。

学生联络人则是由耶鲁大学的在校生（本科生、研究生均可）自愿申报，负责直接与研究员接触，帮助研究员进行活动策划并帮助其更好地融入校园。耶鲁大学提供了一个"让他们的视野远远超出传统学术机遇"的机会，学生联络人能够直接从研究员的辅导中受益，且研究员对于学生而言，可能是毕业后的工作伙伴，也可能是职业规划中的有力建议者甚至导师，是绝佳的"人脉关系网络"。[①]

总而言之，莫里斯·格林世界研究员计划为学生和实务工作人员共同搭建了一个沟通交流、互相促进、共同提升的平台，对于学生而言，是一个了解国际组织、了解国际实务工作的可获得的途径。

（五）成效评估

根据官网数据显示，杰克逊学院的硕士毕业生中有36%进入公共部门和政府间组织，32%在私人部门工作，21%在非营利组织工作。[②] 2018—2022年，硕士毕业生就业去向如图2-1所示，其中国际组织为毕业生就业去向中人数第三多的类别，有21人。此外，一些咨询机构［如科进集团（WSP Global Inc.）、麦肯锡公司（McKinsey & Company）等］都带有全球合作的性质，或者促进全球发展的视野关怀。通过对近五年杰克逊学院硕士毕业生进入国际组织工作的人数进行对比（见图2-2），可以发现平均每年有4—5名学生加入国际组织，占毕业生总数的20%左右。

---

① Yale Jackson School of Global Affairs: The Maurice R. Greenberg World Fellows Program, "Student Liaisons", https://worldfellows.yale.edu/get-involved/student-liaisons/.

② Yale Jackson School of Global Affairs, "Jobs By Sector", https://jackson.yale.edu/careers/jobs-after-jackson/overview/.

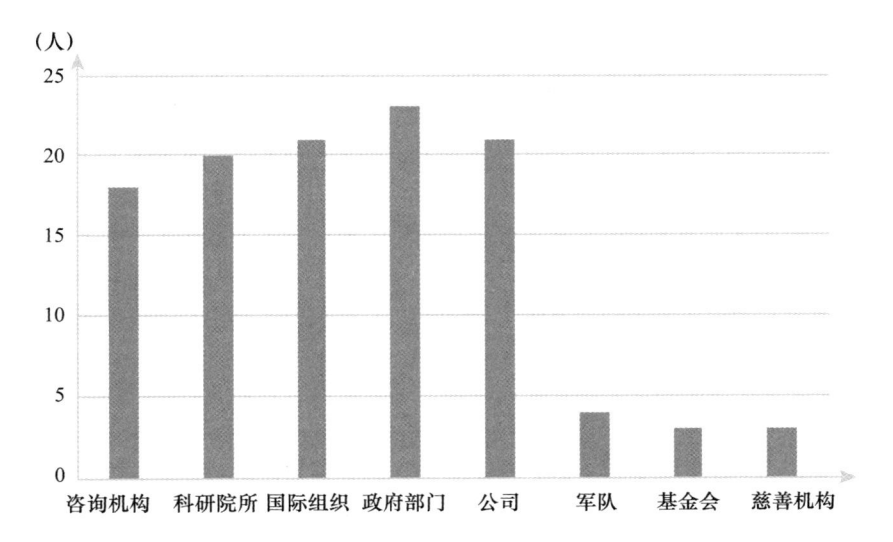

图 2-1　2018—2022 年杰克逊学院硕士毕业生就业去向

资料来源："Employment", Yale Jackson School of Global Affairs, https://jackson.yale.edu/careers/jobs-after-jackson/employment/。

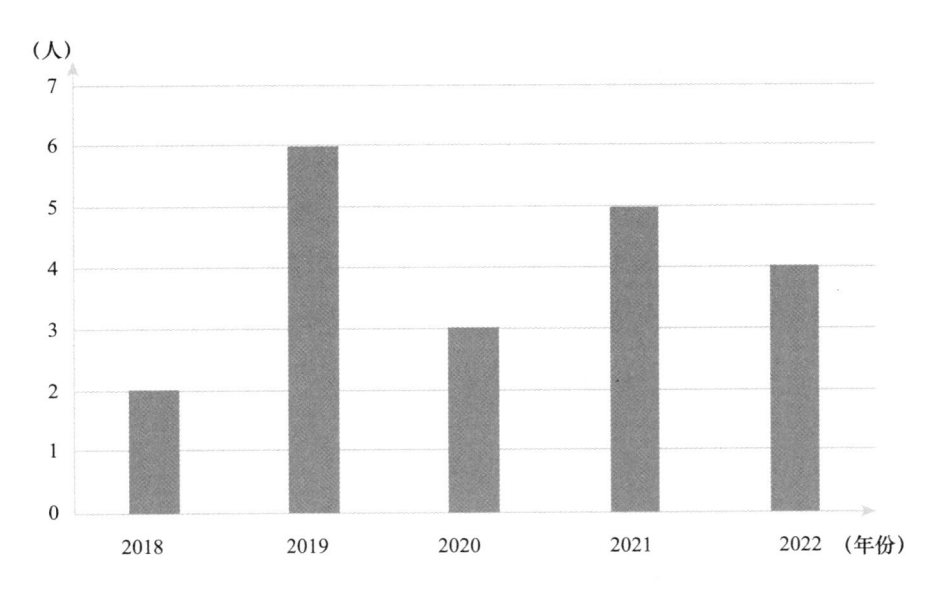

图 2-2　2018—2022 年杰克逊学院硕士毕业生进入国际组织工作的人数

资料来源："Employment", Yale Jackson School of Global Affairs, https://jackson.yale.edu/careers/jobs-after-jackson/employment/。

（六）耶鲁大学国际组织人才培养特点与经验

耶鲁大学杰克逊学院的国际组织人才培养有以下三个特点和可吸取的经验。

首先，以实务人才培养为导向，全面深入践行办学目的。杰克逊学院的办学目标为"培养全球事务领域的领导者"，而不论是其课程设置还是项目活动，都体现出其希望赋予学生全球视野与时事关怀的努力，避免了"两耳不闻窗外事"的局限性。

其次，注重实践教育，提高学生综合能力。杰克逊学院的本科和硕士基础课程都侧重于经济学和定量方法论的训练，而提供的选修课程则具有多领域、跨学科的特点，这些选修课程大多关注现实世界议题，追踪全球事务热点地区（如非洲、拉美、中东），注重实务，并且课程每年在根据时效性进行更新，少有过于空泛或难以在实践中应用的课程。而顶点课程、暑期实习奖学金等的设置，则直接鼓励学生学以致用，提高实践能力。

最后，发挥平台作用，整合利用人才资源。在创造多元化课程和项目，培育国际组织人才的过程中，耶鲁大学作为世界一流大学的平台作用在其中得到了体现。尤其是顶点课程和世界研究员计划，二者属于双方互利共赢、都具有高度实践性的项目。这让学生在正式进入国际组织工作之前就能够先接触到活跃在世界各地、各领域前沿的全球发展贡献者，知识与思维时刻更新，理念与目标不断进步。耶鲁大学整合到的人才资源首先有知识经验的直接传递作用，其次，能激发学生的动力，更好地做出职业规划与选择，再次，对学生而言，也是其实习、求职、工作的人脉资源。

总的来说，重实践、重人才与保持敏锐和全球关怀是耶鲁大学国际组织人才培养的特色与优势，也是我们的改革中可以吸取的经验。

六

约翰斯·霍普金斯大学

(一) 学校简介

约翰斯·霍普金斯大学（Johns Hopkins University）成立于1876年，被认为是全美第一所研究型大学。该校在华盛顿特区和马里兰州的两个校区内共设有9个分部，此外在中国和意大利另设有国际中心。10个分部具体包括高级国际研究院、应用物理实验室、文理学院、商学院、教育学院、工程学院、医学院、护理学院、音乐学院、公共卫生学院。其中，文理学院、工程学院属于本科生院，其余皆为研究生院。

(二) 负责国际组织人才培养的机构设置

在约翰斯·霍普金斯大学，与国际组织人才培养相关的院系主要是保罗·尼采高级国际研究学院（School of Advanced International Studies，SAIS）。另外，教育学院（School of Education）也于2018年新设立了国际教育人才培养项目（International Teaching and Global Leadership Cohort）。

保罗·尼采高级国际研究学院成立于1943年，是世界公认的顶尖国际关系学院。根据《外交政策》杂志排名，SAIS与哈佛大学的肯尼迪学院并列全美第一国际关系学院。其总部设于美国首都华盛顿的大使馆街，毗邻175所外交使馆和超过400家的全球智库、国际组织（包括全球发展中心、布鲁金斯学会、彼得森研究所和卡内基国际和平基金会等），极大地便利了其师生与知名思想领袖、政治决策集团、主流媒体进行联络。此外，学院分别在中国南京、意大利博洛尼亚与当地知名大学合办了跨文化研究中心，以增进国际学术交流和本院学生对于一国政治、经济、历史、文化和社会的深入了解。

（三）培养课程体系设置

SAIS 提供的项目有：硕士学位，博士学位，文凭、证书和非学位课程，定制行政教育，暑期课程，双学位等。鉴于 SAIS 的大部分学生是硕士生，以及本书研究目的是为探寻国际组织人才培养，本节将聚焦于两个位于不同校区的全日制硕士学位项目。

值得一提的是，比大多数提供专业硕士学位的国际关系研究生院更进一步，SAIS 要求其申请人必须精通母语以外的一门语言（要求通过国际语言测试），且须具备有关国际经济的基础性知识。

1. 国际关系（Master of Arts in International Relations）

SAIS 国际关系两年制硕士学位项目以一套独特新颖的课程体系，更灵活地关注着当今世界的重要议题，使学生可以了解政治、经济、安全与环境之间的紧密联系，具备应对未来复杂全球挑战的知识、技能和经验，在国际问题上成为一名出色的工作者、领导人。

（1）课程设置

SAIS 国际关系硕士学位课程共有 64 学分，分为 24 分核心学分和 40 分选修学分。

核心学分旨在培养学生经济学、政治学的基础知识、以数据分析为主的研究方法、领导能力和决策水平等核心素养，具体课程有"领导、道德和决策""世界秩序与混乱""国际经济学""数据分析""研究方法"。剩余 10 门课程将由学生根据在不同职业和区域的兴趣进行自主选择，获得进一步的实质性专业见解。但为了确保对于某一领域的专精，唯一要求是分别至少有 12 学分修于同一功能版块、同一地区版块。具体来看，功能版块有：发展、气候和可持续性，国际经济与金融，安全、战略和治国之道，国家、市场和机构，技术与文化；区域版块有：非洲、美洲、亚洲、中国、欧洲/欧亚、中东、美国。

（2）顶石（CAPSTONES）

在此基础之上，国际关系专业学生将在项目最后一年的顶石（CAPSTONES）部分去实际应用之前在课堂上习得的领导力、经济分析、区域专业知识、实际问题解决技能。"顶石"部分包括但不限于前文提及的体验式学习、个性职业探索，例如实习课程项目（Practicum Projects）、学习旅行（Study Trips）、实习（Internships）、全体人员出行（Staff Rides），尤其需要最终形成一份实践研究论文或是经验报告，详细说明具体的经验教训和所获技能。

（3）语言训练

项目围绕当前政治和经济的热点话题，开设了专业的语言课程，使其学生至少精通一门母语以外的语言，从而加强国际交流能力，创造新职业可能性。

（4）专业技能培训

国际关系专业学生必须完成两门以上的非学分专业技能课程，课程包括：公开演讲、政策撰写、发布简报团队合作、谈判、项目管理、咨询、监测评价、政策分析师的数据分析、财务分析、政治风险分析、地理信息系统、Python/R/STATA 入门。

2. 国际事务（Master of Arts in International Affairs）

SAIS 国际事务一年制硕士学位项目聚焦于国际事务的当代问题，学生可以根据职业兴趣灵活选择课程，甚至上课地点（SAIS 欧洲学习两年/在与约翰斯·霍普金斯大学合作学位项目的欧洲大学学习两年），以加深对国际事务的了解，学会应对复杂的全球性挑战。

课程设置：在正式进入 SAIS 前的一个月，国际事务的学生可先与同学和教授见面，提前开始学习，可参与课程有：基础意大利语（Survival Italian）、微观经济学（Intermediate Microeconomics）、商业经济数据方法（Statistical Methods for Business and Economics）。

秋季学期，学生可以从SAIS欧洲分部开设的40门课程中任意选择，例如"国际关系理论""国际政治经济中的风险""中东北非的历史与政治""移徙与安全"。春季学期的学术性较强，学生必须通过完成14门学术课程，撰写一篇论文。学术课程包括："欧洲研究研讨会""发展中国家的政治制度""欧盟外交政策"。不过，从2020—2021学年起，国际事务增加了一个学术论文的替代选择，即完成两套额外的经济学课程：（1）"微观经济学与国际贸易"与"宏观经济与金融"；（2）"微观经济学""国际贸易理论""宏观经济学"及"国际货币理论"。

而在寒假期间，国际事务专业学生与本部国际关系专业的学生一样，通常需要参加一次学习/工作旅行，或是获取所学领域的实践经验，或是与公司高管和校友见面，深入探索职业道路。

（四）培养实践项目设置

1. 丰富的实践活动

SAIS的核心特征是追求经世致用，即争取对现实政治的参与和影响力。学院一方面利用多种渠道进行体验式的教学，另一方面鼓励学生尝试推动现实进程，提供多元实践机会。

（1）体验学习（Experiential Learning）

第一，SAIS每年举行一次为期两天的危机模拟活动。在模拟过程中，学生将扮演各种角色，例如国家团队、国际组织、非国家行为体和媒体等。活动测试了学生对政策、政治、军事、历史、时事和国际关系的理解，磨炼了其政策分析能力、批判性思维和决策水平。第二，SAIS的社会企业加速基金（Social Enterprise Accelerator Fund）向有志于加入社会企业的学生提供了国际发展及相关部门的资源。学生团队与财务稳定的早期社会企业合作，争取提高企业的全球影响力和财务绩效。第三，SAIS 经常组织学生参加"Staff Rides"活动，前往具有历史意义的地点重现事件；一年中至少有一次"Staff Rides"活动发生在美国境外，如法国、韩国、意大利和波兰。此外，学院每年进行二十余次实地研究，以对重大全球问题重新考察，其中不乏波多黎各、柬埔寨和乌干达等国家。

（2）课余活动

通过与不同兴趣、职业抱负和文化背景的同学会面，SAIS 的学生们扩大了人际网络，学习了世界文化，锻炼了实践水平。

在华盛顿，学生举行一年一度的樱花舞会和才艺表演（Cherry Blossom Ball and Talent Show），通过服装、食物、音乐和舞蹈展示各自文化，习得团体的多样性。而在欧洲，美国学生在感恩节晚餐分享传统的感恩节食物，又被邀请参加维也纳科学舞会（Vienna Ball of Sciences）。另外，加入以职业/地区/活动为核心的俱乐部也是结交志同道合者的好途径（见表 2-5）。

表 2-5　　　　　　　　SAIS 学生社团组织一览表

类别	相关组织
以职业为核心的俱乐部	发展协会（Development Society） 外交生涯（Careers in Diplomacy） 咨询俱乐部（Consulting Club） 国防与情报（Defense and Intelligence） 能源与环境（Energy and Environment） 全球安全与冲突管理（Global Security and Conflict Management） 全球女性领导力（Global Women in Leadership） 国际金融俱乐部（International Finance Club） 净影响（Net Impact） 技术职业俱乐部（Technology Career Club）

续表

类别	相关组织
以地区为核心的俱乐部	非洲协会（Africa Association） 中国俱乐部（China Club） 东亚俱乐部（East Asia Club） 印度尼西亚角（Indonesia Corner） 日本俱乐部（Japan Club） 韩国俱乐部（Korea Club） 拉丁美洲研究俱乐部（Latin American Studies Club） 中东北非俱乐部（Middle East and North Africa Club） 俄罗斯和欧亚俱乐部（Russia and Eurasia Club） 南亚社会（South Asia Society） 东南亚学生联盟（Southeast Asian League of Students） 泰国俱乐部（Thai Club）
以活动为核心的俱乐部	亚历山大汉密尔顿学会（Alexander Hamilton Society） 基督同伴（Christian Fellowship） 国际法学会（International Law Society） SAIS 骄傲（SAIS Pride） SAIS 退伍军人网络（SAIS Veterans Network） 足球俱乐部（Soccer Club） 学生多样性联盟（Student Diversity Coalition） 人道主义绘图员（Humanitarian Mappers）

资料来源：笔者整理。

最后，学院持续围绕国际国内核心议题组织（或者鼓励学生组织）活动。如SAIS欧洲学生政府协会主办与弗朗西斯·福山的对话，解读《民粹主义、信息与后疫情政治格局》（Populism, Information, and the Post-Covid Political Landscape）。

2. 个性职业探索

SAIS 为每一名学生配备职业导师，提供包括实习支持、生涯服务在内的个性化职业探索旅程，以协助学生获得国际组织在内的相关工作领域的详细反馈，确立职业目标和制订职业发展计划。

（1）校友网络

75年来，保罗·尼采高级国际研究学院（SAIS）已经形成了由20000余名毕业学生组成的全球校友网络。校友的职业范围从外交大使、政府官员、能源顾问、国际组织的领导人，到企业家、私营部门高管、国际媒体记者等，他们确切地知道SAIS的课程设置、教师水平、学生素质以及实习需求。此外，SAIS研究中心和研究所的教师专家也与世界各地的思想领袖团体有着密切联系。各类关系网络共同形成了以SAIS为核心的全球职业顾问团队，为学生的学术合作和专业发展提供了机会。

学院利用校友网络的方式有导师计划（Mentoring Program）、专家交谈（Talk with an Expert）、华盛顿周（Washington Week）、模拟面试（Mock Interviews）、信息访谈（Informational Interviews）、简短会面（Meet Ups）、工作地点参观（Employer Site Visits）等，具体如下。导师计划：由经验丰富的成功校友担任学生导师，分享行业信息、职业建议、学习工作资源。专家交谈：校友就某一专业主题或特定学生受众做报告。华盛顿周：多名校友在一系列小组讨论中发言，叙述咨询、国际发展、能源环境、美国政府、智库等行业的状况。模拟面试：校友进行线下/线上授课，提升学生特定面试技能。信息访谈：校友与学生单独会面，深入地探讨职业道路，提供相关工作领域详细反馈。简短会面：在早餐或午餐时段进行校友和学生的非正式会面。工作地点参观：学生参观校友工作场所，与其人力资源人员会面。

（2）实习支持

SAIS有特定的实习课程项目（Practicum Projects）要求学生利用自身的定性和定量技能来分析和识别客户问题，为客户组织提供深入的咨询，以解决来自真实世界的挑战同时，SAIS设有暑期实习基金（Summer Internship Fund）向无薪全日制暑期实习生提供经济援助。根据统计数据显示，75%的SAIS两年制国际关系硕士学位学生曾在暑假期间参加实习，近一半的学生在学年内从事兼职实习。SAIS学生的实习单位包括不同的国家内部的或国际性的各个领域的公立、私营或非营利组织，例如欧洲政策研究中心（Centre for European Policy Studies）、人权观察（Human Rights Watch）、美国商业部（U. S. Department of Commerce）、国际危机组织（International Crisis Group）、中国人民银行（The People's Bank of China）、欧盟议会（The European Parliament）、世界银行集团（The World Bank）、联合国秘书处（United Nations Secretariat）等。

（3）生涯服务

SAIS从多方面提供生涯服务。第一，学院致力于培养其学生职业发展技能，介绍如行为面试、薪资谈判、案例面试、国际求职网络策略、联邦政府求职等方面的专业知识。第二，学院支持学生进行自我评估，明确探索目标和潜在的职业道路；在职业顾问团队审查后，学生可以与职业顾问、学位项目顾问共同探讨自我评估结果。第三，学校举办了多种多样的职业探索活动。

◆ 职业跋涉（Career Treks）：通过拜访公司和校友网络招待会，学生可以从内部人士的角度了解在不同行业工作的情况；

◆ 行业/地区职业日（Industry/Regional Career Days）：邀请主要校友以及政府、私营企业、国际组织、非政府组织的招聘人员进入校园，与学生们深入讨论全球特定行业和地点的职业生涯。

◆ 完美演讲（Perfect Pitch）：参加年度研讨会的学生与代表各行业的校友一起，发展和实践他们的"完善电梯推销演讲"（Perfect Elevator Pitch）。学生们从在国际金融、气候和能源、国际发展、国家安全等领域工作的有成就的校友那里得到宝贵的反馈和建议。

◆ 国际学生网络（International Student Networking）：在国际学

生小组讨论会上，众多校友就如何有效建立网络为国际学生提供建议。参与的校友代表了不同的行业和组织，包括全球教育伙伴关系和国际货币基金组织。

（五）成效评估

2021 届 SAIS 毕业生就业成果[①]统计如下：2021 届为期两年的国际关系硕士课程中有 94% 的人被雇用、寻求奖学金或实习，或者在毕业后六个月内继续深造；50% 的人在亚马逊、贝恩、德勤、麦肯锡等私营部门工作；25% 的人在美国联邦储备委员会、美国国际开发署和美国国务院等公共部门工作；17% 的人在世界资源研究所、CARE、气候政策倡议组织和国家民主研究所等非营利部门工作；8% 的人在美洲开发银行、国际货币基金组织和联合国等多边部门工作。

2021 届为期一年的国际公共政策硕士课程中有 98% 的人就业、寻求奖学金或实习，或者在毕业后六个月内继续深造；13% 的人在经济学人智库、EDF Renewable、东京燃气和《纽约时报》等私营部门工作；81% 的人在美国财政部、美国司法部、美国国民警卫队和美国联邦调查局等公共部门工作；4% 的人在 Pact 和美国国际共和研究所等非营利部门工作；2% 的人在欧洲复兴开发银行等多边部门工作。

2021 届国际经济与金融硕士课程中有 100% 的人被雇用、寻求奖学金或实习，或在毕业后六个月内继续深造；53% 的人在 Capital One，Ernst & Young，Goldman Sachs，Morgan Stanley 和 Guotai Junan Securities 等私营部门工作；26% 的人在日本银行、美国国务院和美

[①] "Employment Outcomes"，Johns Hopkins School of Advanced International Studies，https://sais.jhu.edu/student-experience/career-services/employment-outcomes.

国财政部等公共部门工作；5%的人在美国进步中心等非营利部门工作；16%的人在国际货币基金组织等多边部门工作。

2021届为期一年的全球风险硕士课程中有91%的人被雇用、寻求奖学金或实习，或在毕业后六个月内继续深造；67%的人在Inca Digital，deVere Italia，Energy Aspects，Innovation and Insight以及Makati Medical Center等私营部门工作；11%的人在国际能源署等非营利部门工作；22%的人在欧洲电力工业联盟和国际反腐败学院等多边部门工作。

七

芝加哥大学

（一）学校介绍

芝加哥大学（University of Chicago）是一所坐落于美国伊利诺伊州芝加哥市的世界顶级私立研究型大学，为美国大学协会（Association of American Universities，AAU）的14所创始院校之一，常年位列各大学排行榜世界前十。

截至2022年年底，在芝加哥大学的校友、教授及研究人员中，共有97位诺贝尔奖得主、[①] 10位世界数学最高奖菲尔兹奖得主、[②] 4位世界计算机科学最高奖图灵奖得主、[③] 26位普利策奖得主，[④] 还

[①] The University of Chicago, "Nobel Laureates", https://www.uchicago.edu/who-we-are/global-impact/accolades/nobel-laureates.

[②] The University of Chicago, "Fields Medal", https://www.uchicago.edu/who-we-are/global-impact/accolades/fields-medal.

[③] A. M. Turing Award, "Chronological Listing of A. M. Turing Award Winners", https://amturing.acm.org/byyear.cfm.

[④] The University of Chicago, "Pulitzer Prizes", https://www.uchicago.edu/who-we-are/global-impact/accolades/pulitzer-prize.

有 20 位教授荣获过美国国家人文奖章。① 美国第 44 任总统奥巴马曾长期在芝加哥大学法学院任教（1992—2004 年）。体育方面，芝加哥大学是美国大学体育协会（University Athletic Association, UAA）的成员学校之一。

芝加哥大学也是培养华人精英的摇篮和聚集地之一。它培养了李政道、杨振宁和崔琦三位华人诺贝尔奖得主（其中，李政道和杨振宁实现了华人首获诺贝尔奖的成就）。前台湾地区副领导人、中国国民党原党主席连战、著名法学家梅汝璈、医学家吴阶平、物理学家叶企孙、气象学家郭晓岚、经济学家邹至庄、世界银行集团前高级副总裁林毅夫等也毕业于芝加哥大学或曾在芝加哥大学学习。诺贝尔化学奖得主李远哲、数学家陈省身等也曾长期在芝加哥大学任教。②

（二）负责国际组织人才培养的机构设置

芝加哥大学的国际组织人才培养主要通过哈里斯公共政策学院（Harris School of Public Policy，以下简称"哈里斯学院"）相关项目的课程进行。哈里斯学院是全美排名前五的公共政策专业学院，从成立之初，该学院就一直在进行政策研究，并致力于培养有才能的人，成为社会变革的领导者和推动者，以增强大学在塑造和理解公共生活中的作用。芝加哥大学的国际关系专业也具有悠久的学术传统，在关于全美国际关系专业的各大排行榜中长期位居前十。著名的国际关系理论专家约翰·米尔斯海默（John Mearsheimer）教授就执教于芝加哥大学，美国前财政部长亨利·保尔森（Henry Paul-

---

① The University of Chicago, "National Humanities Medal", https://www.uchicago.edu/who-we-are/global-impact/accolades/national-humanities-medal.

② 《芝加哥大学：华人校友》，百度百科，https://baike.baidu.com/item/芝加哥大学/514980? fr = aladdin#6。

son）也任教于芝加哥大学。

1. 国际发展政策协会（International Development Policy Association）

国际发展政策协会是哈里斯学院（Harris Student Organizations，HSOs）设立的学生组织之一，为有兴趣了解和解决国际发展问题的学生提供了一个学习与实践平台。国际发展政策协会的目标是为学生提供实际接触国际发展政策的职业经验，除此之外，还致力于为学生提供一个展示自己在国际发展方面的经验和研究的机会。组织活动主要包括：以讲座和研讨会的形式邀请国际发展领域的主要实践者和学者举办活动；组织学生演讲，让学生展示自己在国际发展方面的研究或以往的专业经验；与从事国际发展工作的哈里斯院友接触，促进建立联系的机会。①

2. 跨政策学院峰会（Inter-Policy School Summit）

跨政策学院峰会是由哈里斯学院主办、由学生主导的会议。跨政策学院峰会每年都会汇集来自美国国内顶尖公共政策学校的学生和来自世界各地的研究生，为紧迫的全球问题提出解决方案。跨政策学院峰会一般为期三天，在周末举办，主要内容是从一个国际组织的当下项目组合中精心挑选出全球性挑战问题，并对其进行讨论，寻找解决方案。跨政策学院峰会汇集了众多将来可能成为政策执行者的学生，以提供创新性的解决方案、有效的结果和新的视角。跨政策学院峰会希望通过利用学习政策的学生所拥有的思维能力来解决当前的政策问题，以此来增强会议的价值和影响力。②

---

① The University of Chicago Harris School of Public Policy, "International Development Policy Association", https：//uchicago. presence. io/organization/international-development-policy-association.

② Inter-Policy School Summit of Harris Public Policy, "The Summit", https：//www. harrispublicpolicy-summit. com/.

3. 哈里斯能源与环境协会（Harris Energy and Environmental Association）

哈里斯能源与环境协会同样是哈里斯学院设立的学生组织之一，致力于为正在进行的能源与环境政策讨论做出贡献，并让成员们在这些领域内获得各种学习和交流机会。该组织主要与芝加哥大学和芝加哥市的能源和环境机构合作，组织活动以深化人们对这些政策领域的认识，并希望让所有有兴趣的哈里斯学生参与进来。①

4. 皮尔逊全球冲突研究与解决研究所（The Pearson Institute for the Study and Resolution of Global Conflicts）

皮尔逊全球冲突研究与解决研究所（以下简称"皮尔逊研究所"）和皮尔逊全球论坛主要研究因冲突而分裂的国际社会和人民。在全球暴力加剧的时代，战争和政治迫害导致了自第二次世界大战以来最大的难民和移民流离失所，在这样的背景下，芝加哥大学获得了来自托马斯·皮尔逊和皮尔逊家族成员基金会（Thomas L. Pearson and The Pearson Family Members Foundation）的一亿美元捐赠，用于建立第一个专门研究此类问题的研究所和全球年度论坛，仅用于研究和解决全球冲突。位于芝加哥大学哈里斯学院的皮尔逊研究所把工作重点集中在三个主要领域，第一是进行研究以了解、预防和解决暴力冲突；第二是每年召集国际政策界和学术界参与，以获得减少全球冲突的新的循证方法和政策；第三是通过新的课程和计划为下一代学者和从业者提供教育。②

---

① The University of Chicago Harris School of Public Policy, "Harris Energy & Environmental Association", https：//uchicago. presence. io/organization/harris-energy-environmental-association.

② "The Thomas L. Pearson and The Pearson Family Members Foundation", The Pearson Institute for the Study and Resolution of Global Conflicts, https：//thepearsoninstitute. org/about/pearson-family-foundation.

（三）国际组织人才培养的课程体系设置

芝加哥大学哈里斯学院设置国际发展与政策硕士（Master of Arts in International Development and Policy，MAIDP），以及公共政策和国际关系双硕士（MA in Public Policy and International Relation，由哈里斯学院和国际关系委员会联合培养）两种学位。芝加哥大学的国际组织人才培养主要通过哈里斯学院相关项目的课程进行。

1. 国际发展与政策硕士

国际发展与政策硕士是为期一年的学位课程，教授政策设计和分析的入门内容，着重于国际发展和政策。该项目运用基于实证的分析方法、前沿工具和切实可行的政策创新来解决世界上最紧迫的问题。哈里斯学院国际发展与政策学士课程中的九门课程可以在一学年内完成，课程内容涵盖政策分析的基本技能、国际发展与政策、选修课三个方面。

（1）基础技能

国际发展与政策硕士以模型研究为核心课程，包括数据分析、分析政治和经济学的三门基础课程。这些课程专门为培养未来的全球领袖量身定制，着重研究这些技能在国际环境中的应用。

（2）国际发展与政策

该硕士课程中包含了完整的经济发展与政策课程，重点关注政府政策及其对经济发展和改善人口状况的影响。国际发展与政策的学习可帮助学生了解一个国家的经济、资源分配和人口受到政府结构、政策、劳动力市场、冲突、贸易协定、基础设施和其他政策杠杆的影响过程，以及最有效地利用这些杠杆的方式。

（3）选修课

学生可在哈里斯学院或整个芝加哥大学的课程体系内选择五门

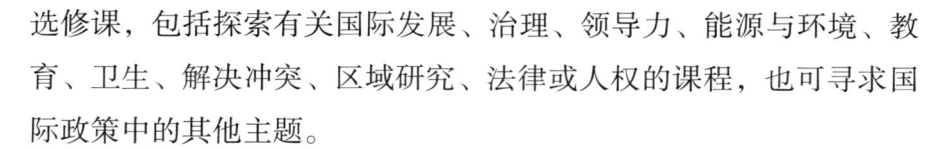

选修课，包括探索有关国际发展、治理、领导力、能源与环境、教育、卫生、解决冲突、区域研究、法律或人权的课程，也可寻求国际政策中的其他主题。

2. 公共政策和国际关系双硕士

公共政策和国际关系双硕士学位由哈里斯学院和国际关系委员会（Committee on International Relations）共同提供，这项为期两年的项目将公共政策分析工具方面的培训与对国际事务的强调相结合，是为那些希望专门研究国际关系和政策，以便继续在政府或国际政策组织中工作的学生而设计的。申请者最终将获得公共政策和国际关系两个文学硕士学位。国际关系委员会提供的为期一年的跨学科课程对影响国际事务的政治、安全、经济、社会和文化力量进行了细致的探索，确保学生获得广泛的对国际关系的政治和经济动态分析的理解。①

学生需修读公共政策硕士课程中六门核心课程中的五门以及四门选修课，总共九门课程。九门课程中的七门必须是哈里斯公共政策课程。

3. 哈里斯学院"国际政策"相关课程设置

哈里斯学院中国际关系的相关课程体现了学院的特点，注重将公共政策与经济学、政治经济学和组织行为学等领域相联系起来进行课程设置，强调对于"国际政策"研究的培养。哈里斯学院官方网站上关于"国际政策"的课程涵盖政策分析方法、政治经济学、经济和财政政策、全球安全和冲突、环境政策、能源政策等诸多领域。其中，与当今国际组织关注的话题密切相关的课程介绍如表2-6所示。

---

① The University of Chicago Harris School of Public Policy, "MA in Public Policy and International Relations", https：//harris.uchicago.edu/academics/degrees/ma-ma-public-policy-international-relations.

表 2-6　　哈里斯学院与国际组织关注话题密切相关的"国际政策"课程

课程名称	政策领域
项目评估	策略分析、国际策略、数据分析、能源环境策略
环境发展与政策	国际政策、经济和财政政策
政策和项目设计的证据编译	国际政策
和平建设概论	社会政策和不平等、国际政策、社会安全和冲突
发展中国家的政治经济学	政治经济学、国际政策
冲突：根源、后果和未来的解决方案	国际政策、国际安全和冲突
国际气候政策	国际发展
基础设施和发展	国际政策
发展中国家的能源	国际发展
宏观经济的政策制定	国际发展

资料来源：The University of Chicago Harris School of Public Policy, "Courses", https://harris.uchicago.edu/academics/programs-degrees/courses。

（四）国际组织人才培养的实践项目设置

芝加哥大学哈里斯学院不仅提供了多种多样的国际政策课程，也通过政策实验室、各类研究中心和研究所、国际关系委员会为学生开设实践项目，锻炼学生将课程中学习的技能应用于实践的能力。

1. 哈里斯政策实验室（Harris Policy Labs）

哈里斯政策实验室的目标在于增强学生的专业经验和技能。通过该计划，学生将获得在现实世界环境中分析、制定、倡导和实施政策的动手经验。此外，政策实验室的学生还将学习包括项目管理在内的其他专业技能，同时扩大他们的专业网络。

各个实验室按主题进行组织，每个实验室都有不同的项目组合。每个实验室都会吸引外部客户，其中可能包括政府机构和非营利组织。学生们以团队合作的方式解决与客户的任务和政策领域直接相关的问题，并拿出一套解决方案，旨在有效应对自己被分配到的政策挑战。每个实验室均会得到哈里斯学院教授和专业顾问的指导，包括每周一次的课程、客户会议、专业发展以及对客户的最终展示报告。例如 2020—2021 年的政策实验室包括：影响力投资政策实验室、安全网络、健康与教育政策实验室、能源与环境政策实验室、基础设施金融政策实验室、全球冲突与国际发展政策实验室、慈善部门政策实验室。实验室客户中包括非营利组织、政府机构、多边非政府组织和芝加哥大学的内部部门。

每个实验室可能专注于不同的策略领域或一组策略工具，学生在其中将有机会在充满挑战的现实环境中推动政策变化，分析和执行政策挑战的所有方面，从内部了解政策机构，接触决策者和政策"影响者"的网络，增强沟通、项目管理和团队合作能力，并且参加跨实验室的专业发展研讨会。[①]

2. 研究中心和研究所

为应对当今全球性的挑战，哈里斯学院与芝加哥大学和世界各地的研究合作伙伴进行了多样的跨学科研究。众多研究中心和研究所作为实践平台承载了相关合作项目。其中包括：皮尔逊全球冲突研究与解决研究所（The Pearson Institute for the Study and Resolution of Global Conflicts）、芝加哥大学能源政策研究所（EPIC）、国际创新团（International Innovation Corps）、人类发展经济学中心（Center for the Economics of Human Development）、经济政策中心（Center for Economic Policy）、卫生政策中心（Center for Health Policy）、人类潜能和公共政策中心（Center for Human Potential and Public Policy）等。这些机构积极吸引学生参与其中，帮助学生提高应对和解决国

---

① The University of Chicago Harris School of Public Policy, "Harris Policy Labs", https://harris.uchicago.edu/academics/design-your-path/applied-experience/harris-policy-lab.

际治理中突出问题的能力。

3. 国际关系委员会跨学科项目

该项目课程分为四个领域：第一是国际关系理论、安全和历史，其核心是民族国家之间的无政府状态、冲突和安全竞争的决定性问题；第二是国际政治经济与发展，重点是全球经济一体化与合作，以及世界不同地区之间巨大的福利差距对国际发展构成的挑战；第三是区域研究和民族主义，其中允许学生调查特定地区或国家范围内的政治和社会进程，这包括国家组建过程、民族主义情绪的表达、失败国家的性质以及内乱和种族冲突的原因等；第四是人权、环境和国际法，将权利和义务的概念带入国际关系研究。在这里，学生探索个人在国际体系中的地位，研究法律安排可以采取的不同形式，并讨论国家在安全和经济增长的竞争中如何塑造全球生态系统。[①]

---

① The University of Chicago Committee on International Relations, "Currlculum", https: // cir. uchicago. edu/content/curriculum.

第三章

欧洲高校国际组织人才培养介绍

一

牛津大学

(一) 学校介绍

牛津大学(University of Oxford)坐落于英国牛津市,是一所公立研究型大学,采用传统学院制,是英语世界中最古老的大学,也是世界上现存第二古老的高等教育机构。[①] 牛津大学是罗素大学集团成员(The Russell Group),是"金三角名校"(Golden Triangle)和"英国 G5 超级精英大学"(The G5 Super Elite)之一。

牛津大学的历史中涌现了众多引领时代的科学巨匠,培养了大量开创纪元的艺术大师、国家元首,其中包括约 30 位英国首相(其中 13 位来自牛津大学基督堂学院)及数十位世界各国元首、政商界领袖。从 1902 年起,牛津大学还设立了面向全世界的、世界上最

---

① University of Oxford, "Introduction and History", https://www.ox.ac.uk/about/organisation/history.

古老的研究生奖学金——"罗德奖学金"（Rhodes Scholarship），以吸引和培养"未来世界的领导者"。截至 2022 年年底，在牛津大学的校友、教授及研究人员中，共有 73 位诺贝尔奖得主、4 位菲尔兹奖得主和 6 位图灵奖得主。①

2022—2023 年，牛津大学位列泰晤士高等教育（Times Higher Education）世界大学排名第 1 名，② QS 世界大学排名第 4 名，③《美国新闻与世界报道》（U. S. News and World Report）世界大学排名第 5 名，④ 软科（Shanghai Ranking）世界大学学术排名第 7 名。⑤ 特别的是，牛津大学于 2017—2023 年连续 7 年在泰晤士高等教育世界大学排名荣膺第 1 名。

（二）国际组织人才培养的机构设置

牛津大学的国际组织人才，主要出自政治和国际关系系（Department of Politics and International Relations，DPIR）和牛津国际发展部（Oxford Department of International Development，ODID）。其中政治和国际关系系的学位体系包含了哲学、政治和经济学文学学士（MA）、历史与政治学文学学士、政治学哲学硕士（MPhil）、国际关系哲学硕士、政治学研究理学硕士（MSc）、政治理论研究理学

---

① University of Oxford, "Award Winners", https：//www. ox. ac. uk/about/oxford-people/award-winners.

② Times Higher Education, "World University Rankings 2023", https：//www. timeshighereducation. com/world-university-rankings/2023/world-ranking.

③ QS Top Universities, "QS World University Rankings 2023：Top Global Universities", https：//www. topuniversities. com/university-rankings/world-university-rankings/2023.

④ U. S. News and World Report, "Search U. S. News Best Global Universities", https：//www. usnews. com/education/best-global-universities/search？name = oxford.

⑤ Shanghai Ranking, "2022 Academic Ranking of World Universities", https：//www. shanghairanking. com/rankings/arwu/2022.

硕士、国际关系哲学博士（DPhil）和政治学哲学博士。① 牛津国际发展部的学位体系则包含了国际发展哲学博士、移民研究哲学博士、发展研究哲学硕士、发展经济学理学硕士、全球治理与外交理学硕士、移民研究理学硕士以及难民与强迫移民研究理学硕士。② 相较而言，政治和国际关系系的学生培养方案较侧重于政治学与国际关系的理论教学与研究，而牛津国际发展部与国际组织的关系会更密切。

无论是对本科生还是研究生，牛津大学的人才培养体系包括讲座、课程、辅导等混合方式，尤其是最后一项起着重要的作用。大多数学生每周会有1—3节辅导课程，学生需要准备一篇论文，然后与导师和其他同学就论文进行长达一个小时的学习讨论。

（三）国际组织人才培养的课程体系设置

1. 政治和国际关系系（DPIR）

（1）本科生

与国内大部分高校不同，牛津大学政治和国际关系系的本科生课程并不细分为政治学专业和国际关系专业，而是将政治学和国际关系合为政治学，且由两个联合学位的课程组成：哲学、政治和经济学（PPE）以及历史和政治学（HP）。本科的学制分为三年，其中第一年是基础知识的掌握，包括学习政治理论（PPE学生）或国家理论（HP学生）、政治实践、政治分析（主要是定量方法研究）；第二年则从比较政府、1900年以来的英国政治和政府、政治理论、国际关系、政治社会学五门课程中任选两门；第三年则可以

---

① University of Oxford Department of Politics and International Relations,"Study", https://www.politics.ox.ac.uk/.

② University of Oxford Department of International Development,"Study", https://www.qeh.ox.ac.uk/.

从更多门课程中选择，与国际关系有关的课程包括冷战时期的国际政治、国际安全和冲突、二战时期的国际关系等。①

（2）硕士生

硕士生第一年主要学习国际关系的主要理论和方法，第二年则在第一年学习的基础上开始着手写论文和学习两个选修科目的专业课程。可选择的课程有现代国际社会的形成、战略研究、发展中和后殖民世界的国际关系、国际政治经济学、东亚国际关系、美国外交政策、危机中的欧盟、国际法。②

（3）博士生

博士生第一学期主要进行研究设计和方法、高级国际关系理论、基础和中级统计的学习，到了第二学期将继续学习国际关系的研究主题和研究方法，并参加形式分析、因果推理、定性方法或政治理论推理的一门课程，到了第三学期将会安排一系列短期专业方法课程。③

2. 牛津国际发展部（ODID）

牛津国际发展部的学生可以在广泛的学科背景中进行研究，包括移民、难民和人道主义；城市、农业和环境发展；政治和社会变革与冲突；国家制定和纪律制度；公共卫生和社会政策；全球治理、外交研究和安全；经济增长和结构转型；宏观经济学和公共财政；公司和家庭；贫困和不平等；科技与技术；等等。牛津国际发展部还与牛津大学的其他部门和研究中心有着密切的联系。

---

① University of Oxford Department of Politics and International Relations, "Introduction to Undergraduate Politics", https://www.politics.ox.ac.uk/undergraduate-degrees.

② University of Oxford Department of Politics and International Relations, "Introduction to Graduate Taught Degrees", https：//www.politics.ox.ac.uk/graduate-study.

③ University of Oxford Department of Politics and International Relations, "Introduction to DPIR Graduate Research Degrees", https：//www.politics.ox.ac.uk/intro-to-dpir-doctoral-degrees.

（1）国际发展哲学博士

国际发展哲学博士在独特的多学科学术环境中深入研究全球南方地区的社会、政治和经济发展与变革进程。它可以成为学生走向学术生涯或政策研究高级职位的基础。获得国际发展哲学博士学位的毕业生在世界各地的大学和研究机构学术事业方面有着良好的记录。同时，也有毕业生在政府和主要国际机构（包括世界银行集团和联合国组织，如联合国贸发会议和联合国难民署等）以及非政府组织中担任有影响力的职位。①

（2）移民研究哲学博士

移民研究哲学博士将接受相关研究方法、语言、计算机和其他技能的培训，并有机会参加特定主题领域的讲座、研讨会和课程。获得移民研究哲学博士学位的毕业生在许多国际治理的领先机构中担任重要职位，包括：联合国人权事务高级专员办事处、挪威难民委员会、欧洲难民和流亡者委员会、国际移民组织、国际劳工组织和欧盟委员会等。②

（3）全球治理和外交理学硕士

该学位的课程旨在提供有关全球治理和外交机构和流程的高质量研究生培训，并为学生在这些领域或其他领域的职业生涯做好准备。课程内容将介绍国际、跨国、国家和次国家层面的全球治理的来源、机制、过程和实践，重点关注全球化、区域一体化、国际组织和多边主义等问题。课程还将提供有关国际外交制度和过程的实质性知识和理论背景，包括外交实践、国际谈判、冲突调解和公共外交，以及在国际和地区机构中的外交行为等。

---

① University of Oxford Department of International Development, "DPhil in International Development", https://www.qeh.ox.ac.uk/content/dphil-international-development.

② University of Oxford Department of International Development, "DPhil in Migration Studies", https://www.qeh.ox.ac.uk/content/dphil-migration-studies.

所授课程希望为学生在外交机构与跨国和区域治理机构（如国际组织、非政府组织和与这些机构互动的私营部门或公司）的职业生涯做好准备。它还为继续教育（包括博士研究）提供了基础。

该学位的教学特色还在于它举办的活动——全球治理与外交公共演讲者系列（Global Governance & Diplomacy Public Speaker Series）。该活动邀请外交从业人员和相关学者与学生和研究员进行两小时的对话。它旨在让全球治理和外交的硕士研究生和研究员与经验丰富的专业人士互动，并讨论对当前外交事件和全球治理挑战的新观点。

有众多获得全球治理与外交理学硕士学位的毕业生加入了联合国和世界粮食计划署等国际组织、英国和其他国家的外交部门、全球政府部门、乐施会和世界自然基金会等非政府组织以及从投资到能源等领域的私人部门。[1]

（4）发展研究哲学硕士

该学位的课程第一年将教授经济学、历史与政治、社会人类学，之后的核心课程将向学生介绍"发展理念：社会、政治和发展理论"和"发展的关键主题"，课程内容将涉及社会学、地理学、人类学、经济学和政治学等众多领域。第二年学生将从来自全球南方的气候问题、性别和发展、权力病态：非洲的政治、流行病和全球健康、贫困与人类发展、全球南方的暴力关系、发展中国家的技术和工业化、中东和北非的政治经济学等课程中选修，而这些课程正是国际组织关心的议题。

发展研究哲学硕士学位的课程中最具特色的是在第一年和第二年之间的暑期进行的实地考察。这让学生有机会在现实世界中调查和测试学习成果。过去学生研究过各种各样的主题，从埃塞俄比亚

---

[1] University of Oxford Department of International Development, "MSc in Global Governance & Diplomacy".

的天气相关风险到中国的儿童移民、从尼泊尔的学校到阿富汗局势。部分学生根据暑期实践的成果完成他们的硕士论文并将其进一步扩展为博士学位论文，还有很多人继续在联合国、政府、非政府组织、媒体、商业、金融和发展咨询公司工作。①

（5）发展经济学理学硕士

该学位的课程重点是将现代经济分析方法引入经济发展理论和政策当中。该课程将为学生进一步的学术研究或在国际机构、政府或私营部门担任专业的发展经济学家做好准备，并且旨在培养与经济发展相关的分析和关键技能，特别是评估政策替代方法所需的技能。

课程教授了目前实际工作中所急需的严格的量化技能，帮助学生培养访问、处理和解释各种数据的能力。它旨在为那些希望继续进行发展经济学博士研究的学生提供所需的研究工具和方法。学生学习方式分为听讲座和上课两种，在实践开发模块由学生进行演示。定量方法课程还包括使用专业统计软件的实践培训。主要课程包括经济学理论（宏观经济学、微观经济学和贸易学）、定量方法（计量经济学）和发展经济学。

众多发展经济学硕士校友主要在国际金融机构工作，如世界银行集团、国际货币基金组织和联合国，以及英国国际发展部。许多人还在国际非政府组织部门和主要咨询公司工作。②

（6）移民研究理学硕士

该学位课程将移民和流动性研究与全球更广泛的发展和社会转型过程相结合，由世界一流的研究人员授课，向学生介绍社会科学中与移民和流动性相关的关键概念、方法和理论，并为学生的进一

---

① University of Oxford Department of International Development, "MPhil in Development Studies", https：//www.qeh.ox.ac.uk/content/mphil-development-studies.

② University of Oxford Department of International Development, "MSc in Economics for Development", https：//www.qeh.ox.ac.uk/content/msc-economics-development.

步研究或职业生涯做好准备。课程旨在帮助学生为进一步的社会科学研究或在越来越多地关注移民问题的公共、私人、国家和国际组织中的职业生涯做好准备。

学生第一年将学习移民人类学、移民与经济、移民与发展、流动性治理和社会研究方法,第二年将学习移民与政策、迁移与安全、全球南方城市交通的政治、舆论、媒体和移民、关于流动性和移民的社会主义和后社会主义观点、跨国主义和侨民等课程。

获得移民研究理学硕士学位的毕业生除继续攻读博士学位之外,许多人目前受雇于欧盟委员会、国际劳工组织、国际移民组织、联合国儿童基金会、兰德公司、国际红十字会、国家政府机构和一流大学等组织。①

(7) 难民与强迫移民研究理学硕士

该学位课程旨在让学生了解被迫移民和难民人口的复杂性和多样性,了解他们在全球、区域和国家政治、社会和经济变革进程中的核心地位,以及被迫流离失所者本身的需求和愿望。学生将学习强迫迁徙的人类学;国际人权和难民Ⅰ;强迫移民的政治;运动与道德;研究方法Ⅰ和Ⅱ等课程。之后还将选修国际人权和难民法Ⅱ;难民经济;无国籍状态:政治、知识、抵抗;现代中东的剥夺和流离失所;监狱空间等课程。

获得难民与强迫移民研究理学硕士学位的众多毕业生目前受雇于联合国难民署、国际移民组织、联合国开发计划署、救助儿童会、欧洲难民和流放者理事会、大赦国际、人权观察、布鲁金斯和麦克阿瑟基金会等组织,以及世界各国政府和大学。②

---

① University of Oxford Department of International Development, "MSc in Migration Studies", https://www.qeh.ox.ac.uk/content/msc-migration-studies.

② University of Oxford Department of International Development, "MSc in Refugee & Forced Migration Studies", https://www.qeh.ox.ac.uk/content/msc-refugee-forced-migration-studies.

（四）国际组织人才培养的实践项目设置

1. 研讨会

牛津大学的学生被鼓励利用广泛的机会，例如参加讲座、参与辩论以及参加俱乐部和社团，来实现自身的成长与价值最大化。牛津大学每周都会举行内容很丰富的研讨会，包括但不限于国际组织和国际事务，通常会邀请相关领域的专家、业界知名人士和同领域的研究生共同交流学习。譬如 2019 年 2 月牛津大学难民研究中心（Refugee Studies Centre）主办了"国际移民组织专家研讨会"（Expert Workshop on the International Organization for Migration），受邀人士包括国际法和国际关系领域的专家学者，以及其他在国际移民组织、联合国难民署、国际劳工组织和更多联合国系统中相关机构内任职的专业人员，研讨主题为国际移民组织的角色、作用、主要任务和问责制改革进程。[1]

2. 讲座

除了研讨会，牛津大学也非常重视讲座。牛津福布莱特国际关系杰出讲座（The Annual Fulbright Distinguished Lecture）设立在政治和国际关系系之下，自 2014 年以来每年都会举办一次，演讲者主要是来自各个知名大学的教授和学者。[2] 此外，还有著名的西里尔·福斯特系列讲座（The Cyril Foster Lecture Series），邀请的演讲者是"世界上最有影响力的政策制定者和学者"，包括各国政治和政策界的知名人士，曾邀请过总理、外交部长、联合国秘书长、主

---

[1] University of Oxford Refugee Studies Centre, "Expert Workshop on the International Organization for Migration （IOM）", https：//www.rsc.ox.ac.uk/events/expert-workshop-on-the-international-organization-for-migration-iom.

[2] University of Oxford Department of Politics and International Relations, "The Oxford Fulbright Distinguished Lecture in International Relations", https：//www.politics.ox.ac.uk/oxford-fulbright-distinguished-lecture-international-relations.

要国际组织负责人以及著名学者。2001年时任联合国秘书长科菲·安南（Kofi Atta Annan）曾就"民主"问题来此举行讲座。2011年，时任联合国秘书长潘基文（Ban Ki-moon）也以"人类保护与21世纪的联合国"为题来此演讲。①

3. 国际组织职业辅导

牛津大学为学生设立了完整的就业指导和服务体系，包括职业探索、求职申请、职业技能强化、实习指导、深度教育和职业公平维护六个部分。作为毕业生重要的就业方向之一，牛津为有加入国际组织志向的学生提供了各个环节的指导和培养计划。譬如在求职申请层面，有针对不同职业的简历、自荐信等文书材料写作辅导和面试技巧传授；在职业技能强化层面，有领导力、创造力、交流和沟通能力的针对性发展规划；在职业探索发展层面，有对各类国际组织的基本状况、国际组织职业特点和能力要求，以及各种内外部资源的汇总指南，②帮助学生更清晰地认知国际组织就业的未来前景与机构选择，有针对性地进行材料准备和能力提升。

除此之外，牛津对于校内人员的研究成果转化也十分重视，与国际组织的合作被视为研究人员进行公共政策参与的重要窗口之一，牛津大学的官网上为有此需求的学者和学生提供了指导规划、资源汇总、合作机会、培训与发展计划，以及牛津政策参与网络（Oxford Policy Engagement Network）的访问渠道。牛津大学官方的指导说明中阐明了与国际组织进行研究合作的优势和弊端、国际组织运作的特点和机制、各个主要国际组织的合作渠道，以及研究人员选择其作为"另一种职业道路"的现实可能。这为校内研究者进

---

① University of Oxford Department of Politics and International Relations, "The Cyril Foster Lecture Series", https://www.politics.ox.ac.uk/cyril-foster-lecture-series.

② Oxford University Careers Service, "International Organisations", https://www.careers.ox.ac.uk/international-organisations#collapse3772916.

第三章　欧洲高校国际组织人才培养介绍

行高质量、多元化、体系化的国际组织参与提供了指导和帮助。①

二

爱丁堡大学

(一) 学校介绍

爱丁堡大学 (The University of Edinburgh) 坐落于苏格兰首府爱丁堡市,是一所创建于 1583 年的享誉全球的公立研究型大学,是苏格兰最高学府,英国七所古典大学 (Medieval Universities) 之一。爱丁堡大学作为一所顶尖的综合性研究型大学,在全世界享有盛誉,是众多知名学术组织的成员。在 2023 年 QS 世界大学排名中,爱丁堡大学名列世界大学排名第 15 位。②

(二) 国际组织人才培养的机构设置

爱丁堡大学下设三所大学院,分别为艺术、人文与社会科学学院 (The Colleges of Arts, Humanities and Social Sciences, CAHSS)、医学与兽医学学院 (The Colleges of Medicine & Vet Medicine, CMVM) 和科学与工程学院 (The Colleges of Science & Engineering, CSE)。其中,艺术、人文与社会科学学院是爱丁堡大学规模最大、研究领域最广的学院,与国际组织人才培养密切相关的社会与政治科学学院 (School of Social and Political Science) 就是其中一个分支。在社会与政治科学学院的次级学科中,政治学与国际关系

---

① University of Oxford, "Guidance Note 6: Working with International Organisations", https://www.ox.ac.uk/research/using-research-engage/policy-engagement/guidance-policy-engagement-internationally/guidance-note-6-working-international-organisations.

② QS Top Universities, "QS World University Rankings 2023: Top Global Universities", https://www.topuniversities.com/university-rankings/world-university-rankings/2023.

（Politics and International Relations，PIR）致力于进行有影响力的研究，专业领域包括宪法、领土和苏格兰政治、欧洲政治、外交和国内政策、性别研究、国际政治经济学、安全研究、政治理论和道德等，且拥有众多就职于政府、议会与国际组织的优秀校友，在英国及海外享有极高的专业声誉。①

（三）国际组织人才培养的课程体系设置

1. 本科生

四年制的本科教育为政治学与国际关系学科教育的基本要素奠定了基础，包括对基本概念、政治思想家、国际组织和比较政治的学习。此外，爱丁堡大学鼓励学生在学位课程早期从人文与社会科学学院，以及其他学院中选择课程，以扩充自身知识储备的广度与深度。②

在本科教育体系中，国际关系文学学士（MA International Relations）和国际关系与国际法文学学士（MA International Relations and International Law）两个学位的课程将帮助学生全面掌握国际关系领域的理论知识与现实认识。学生会探索国际上关于权力和资源冲突的起源和当今背景，以及驱动国际体系中的国家和组织互动的因素。学生的培养计划着重于以下方面的各种问题：国际组织、国际关系理论、了解战争和冲突，以及欧洲、俄罗斯、非洲和美国的国际政治。③

---

① The University of Edinburgh School of Social and Political Science, "Politics and International Relations (PIR)", March 22, 2023, https：//www.sps.ed.ac.uk/politics-and-international-relations-pir.

② The University of Edinburgh School of Social and Political Science, "PIR Undergraduate", March 22, 2023, https：//www.sps.ed.ac.uk/subject-area/politics-and-international-relations-pir/programmes-intro/undergraduate.

③ The University of Edinburgh School of Social and Political Science, "PIR Undergraduate", https：//www.sps.ed.ac.uk/subject-area/politics-and-international-relations-pir/programmes-intro/undergraduate.

国际关系文学学士的课程着重研究国际合作与冲突背后的驱动力，并探讨国际体系中的安全与繁荣问题。国际关系与国际法文学学士的课程旨在增进对理论、概念和法治的高级理解。此外，学生还将获得对国家系统的起源和演变以及国家权力的变化性质的广泛理解。两个学位中与国际组织及其关注的特定议题具有较强相关性的课程如下。

（1）国际法概论课程（International Law Ordinary）

本课程旨在增进学生对以下方面的知识和理解：国际法律制度；有助于发展和适用国际法的主要机构；规范国家间活动关键领域的法律规则；原则和程序。

学习成果体现在对学生的技能培养，包括案例和条约分析能力；法律推理能力；批判能力；口头和书面交流能力；法律研究能力等。[①]

（2）欧洲内外的国际合作课程（International Cooperation in Europe and Beyond）

本课程探讨国家如何以及为什么在区域、国际和国际组织内部层面上与国际组织进行互动。本课程将研究具有专门职能的组织，例如世界贸易组织以及具有更广泛和更普遍意义的组织，例如欧洲联盟和联合国。课程从国际关系和国际政治经济学的角度来考虑理论观点，以帮助学生理解这些机构的政治和政策。对这些制度的研究也被用来探讨和理解更广泛的政治概念，包括权力、主权、合法性和全球化。

学习成果体现在：学生对关键概念知识的理解和掌握；对特定的欧洲和国际机构的评估工作；将特定的理论应用于国际政治实际

---

① The University of Edinburgh Degree Regulations & Programmes of Study 2022/2023, "Undergraduate Course: International Law Ordinary (Semester 1) (LAWS08114)", http://www.drps.ed.ac.uk/22-23/dpt/cxlaws08114.htm.

发展的成果；对国家如何以及为什么与国际机构互动、在国际机构内部的互动以及这些互动的影响有一个批判性的理解。①

（3）政治工作课程（Political Work）

课程主要教授和讨论的话题包括人们在从事政治活动时会做什么；政治由什么组成；什么是政治工作以及如何进行；如何成为一位活动家，是官僚还是选举产生的代表；会议机制以及如何进行政治对话；为什么文件在政治过程中如此重要；而政治在物质、空间和建筑物中又如何表现。本课程旨在从不同学科的角度出发，探索政治过程的微观社会学。

学习成果体现在：学生探索并理解在实践和工作领域的政治和政策制定的相关概念；对政治工作的不同情况和规模有详细的了解；通过对案例研究的批判性评价，开发出适当的解释和研究方法；在撰写自己的案例研究时，掌握并使用数据收集和分析的基本技能；在发表演讲时批判性地反思自己和他人的工作。②

（4）儿童权利：政策与实践（Children's Rights：Policy and Practice）

本课程通过儿童、权利和儿童权利的概念以及《儿童权利公约》（Convention on the Rights of the Child）的条款，对英国（尤其是苏格兰）境内影响儿童的一系列立法、政策和服务进行严格审查。

学习成果体现在：学生对童年、权利和儿童权利的概念框架的批判性理解；能够评估英国（尤其是苏格兰）的立法、政策和实践

---

① The University of Edinburgh Degree Regulations & Programmes of Study 2022/2023，"Undergraduate Course：International Cooperation in Europe and Beyond（PLIT08006）"，March 22，2023，http：//www.drps.ed.ac.uk/22-23/dpt/cxplit08006.htm.

② The University of Edinburgh Degree Regulations & Programmes of Study 2022/2023，"Undergraduate Course：Political Work（PLIT10093）"，March 22，2023，http：//www.drps.ed.ac.uk/22-23/dpt/cxplit10093.htm.

与《儿童权利公约》之间的一致性；在访问、使用和批判性分析关键政策资源（例如法律、政府报告和指南、研究和统计数据）等方面具有熟练技能；提供有关保护儿童权利的当前政策和实践困境的见解和解决方案；与他人一起进行积极的小组学习，以批判性地复习和巩固知识并发展新思维。[1]

（5）国际关系中的人权（Human Rights in International Relations）

课程主要教授和讨论的话题包括"人权在当今国际关系中扮演的角色"和"国家如何对待个人的权利"。课程研究政治与法律之间的相互作用，旨在帮助学生对人权在冷战后世界中的作用有一个大致的了解。课程讨论了秩序、稳定与正义之间的关系，十分关注人权的普遍性问题，尤其是执法相关问题。课程还分析军事人道主义干预，以及特设战争罪法庭和国际刑事法院等司法干预手段的当前状况和问题。

学习成果体现在：学生需要就所学的主要人权条款及其执行方式的知识进行展示；分析国际政治中人权的理论基础和国际秩序与正义的概念；熟悉核心文本，并就当前国际关系中的人权执行的辩论和问题发表有见地的看法。[2]

（6）亚太国际关系（International Relations of the Asia Pacific）

本课程的重点是东亚、东南亚和21世纪的亚太地区，注意到这些区域的现代事务如何在重要性上日益全球化，并受到过去的声音和事件的重要影响。学生将在课程中探索中国和印度"备受争议的当代崛

---

[1] The University of Edinburgh Degree Regulations & Programmes of Study 2022/2023, "Undergraduate Course: Children's Rights: Policy and Practice (EDUA10204)", http://www.drps.ed.ac.uk/22-23/dpt/cxedua10204.htm.

[2] The University of Edinburgh Degree Regulations & Programmes of Study 2022/2023, "Undergraduate Course: Human Rights in International Relations (PLIT10063)", http://www.drps.ed.ac.uk/22-23/dpt/cxplit10063.htm.

起";黄海和南海的领土争端;亚太地区的国际组织和机构,包括东盟和东亚峰会等;从民主到君主专制再到军政府,地方政权类型的多样性;以及美国权力和影响力的未来等主题。国际关系学科的许多关键问题也将在整个过程中受到探讨,例如安全和冲突、权力的性质、外交、合作与多边主义、发展、主权、法律、贸易等。

课程的学习成果体现在:学生需要了解从18世纪至今的亚太地区国际关系的演变和发展历史;了解指导和定义当今亚太动态的一系列关键问题;反思亚太地区最重要的国家和非国家行为者,以及它们在该地区政治、经济、安全结构中的相互联系;了解国际关系的关键理论如何帮助我们解释亚太事务的工作原理;增强自身的研究和分析能力、沟通能力、批判性辩论能力、有效的团队协作能力,以及表达论点的能力。[1]

(7) 环境政治(Environmental Politics)

本课程从比较和国际的角度考察环境政治。在介绍了环境政治的核心概念之后,本课程探讨了塑造国内及国际环境政策和政治的主要参与者和动力。本课程特别关注以下参与者:政府机构、政党、非政府组织、商业公司、专家和媒体。研究的主要聚焦概念将是:权力、正义、动员、资本主义和集体行动。

课程的学习成果体现在:学生需要展示对环境政治的主要辩论和概念的理解;在国内、区域和国际层面描述环境政治的主要特征;评估并运用有解释力的方法来理解环境政治;明确表达有关环境政策和政治当前问题和未来发展的见解。[2]

---

[1] The University of Edinburgh Degree Regulations & Programmes of Study 2022/2023, "Undergraduate Course: International Relations of the Asia Pacific (PLIT10109)", http://www.drps.ed.ac.uk/22-23/dpt/cxplit10109.htm.

[2] The University of Edinburgh Degree Regulations & Programmes of Study 2022/2023, "Undergraduate Course: Environmental Politics (PLIT10136)", http://www.drps.ed.ac.uk/22-23/dpt/cxplit10136.htm.

（8）国际货币政治学（International Politics of Money）

本课程主要向学生讲授国际政治经济学和国际货币与金融的比较政治经济学。课程内容将考虑最近的金融危机，以及国际、欧盟和国家层面针对危机的监管、货币和财政政策。课程以一次针对欧元区主权债务危机的应对模拟结束。

课程的学习成果体现在：学生需要从国际政治经济学和比较政治经济学汲取一系列理论方法，以理解过去二十年来国际金融和货币的发展；理解围绕近期危机起因（金融和主权债务）的辩论；理解由国际金融一体化、国际金融危机（自2008年起）和欧洲主权债务危机引起的主要政治经济问题。[①]

2. 硕士生

（1）国际和欧洲政治理学硕士（MSc International and European Politics）

该专业学位是为应对瞬息万变的社会所面临的巨大政治挑战而开发的，它利用国际关系的理论见解提供了对当代世界的深度理解，并聚焦于欧洲研究、比较政治学与区域研究三个方面。学生在课程学习中需要深入探讨关键理论、问题和争议，进行跨学科研究，并在挑战性的环境中发展自身兴趣。

该学位课程体系中有一个正式的"让·莫内活动"（Jean Monnet Activities）模块，也是核心课程之一。该课程因其跨学科性质和以学生为中心的方法而获得了欧洲委员会的认可，课程安排了客座讲座和专门的研讨会系列，邀请著名的国际学者和从业人员到爱丁堡大学介绍当前的研究和观点。

学院还建设了以欧洲政治和国际政治为主题的学生社区，学生

---

① The University of Edinburgh Degree Regulations & Programmes of Study 2022/2023, "Undergraduate Course: International Politics of Money（PLIT10095）", http://www.drps.ed.ac.uk/22-23/dpt/cxplit10095.htm.

在这里有很多机会与同龄人建立联系，组织活动，以及在《利维坦》（Leviathan）（爱丁堡大学自己的政治与国际关系杂志）上撰写出版物。①

（2）国际关系理学硕士（MSc International Relations）

该学位课程主要研究人类在国际关系和国际领域面临的紧迫问题。具体探索的主题包括：战争、恐怖主义、权力、外交、气候变化、贸易、贫困、移民、国际合作。学生需要参与到具体问题的研究、讨论和实践当中，寻找应对相关挑战的方法。②

（3）中东国际关系理学硕士（MSc International Relations of the Middle East）

该学位课程探索和应用了几种理论模型，对中东的国际关系提供了深层次的理论和经验理解，引导学生对形成且继续影响中东政治动态的主要历史事件、过程和参与者进行深度学习。

课程内容除了将区域置于国际关系和社会科学的更广泛的分析、概念和理论辩论之内，还致力于通过研究当地文化、历史、语言、宗教等方面来增进对中东国际关系的了解。③

（4）国际政治理论理学硕士（MSc International Political Theory）

该学位课程旨在使学生掌握关键的知识技能，以便从理论的角度分析当代国内和国际事务，并特别关注其道德和批判性维度。课程内容设置的背景在于，在这个相互联系的世界中，紧迫的政治问题，例如移民、加速的气候变化、根深蒂固的种族主义、全球贫困

---

① The University of Edinburgh School of Social and Political Science, "MSc International and European Politics", https：//www.sps.ed.ac.uk/study/postgraduate-taught-programmes/international-and-european-politics.

② The University of Edinburgh School of Social and Political Science, "MSc International Relations", https：//www.sps.ed.ac.uk/study/postgraduate-taught-programmes/international-relations.

③ The University of Edinburgh School of Social and Political Science, "MSc the Middle East in Global Politics", https：//www.sps.ed.ac.uk/study/postgraduate-taught-programmes/middle-east-global-politics.

和政治暴力，挑战了我们现有的机构以及传统的做事和思考政治的方式。由于此类问题无法包含在民族国家的范围之内，因此需要根据日益增强的全球一体化趋势来对其进行研究。①

(5) 中东与阿拉伯国际关系理学硕士（MSc International Relations of the Middle East with Arabic）

该学位课程旨在使学生深入了解影响并继续塑造中东政治动态的主要历史事件、过程和参与者，以及掌握理解中东国际关系所需的国际关系理论和概念工具，进而形成基于学术的、独立的和批判性的关于中东的知识。密集的阿拉伯语言元素将极大程度锻炼学生在听、说、读、写四方面的阿拉伯语水平。②

(四) 国际组织人才培养的实践项目设置

1. 学生组织

(1) 爱丁堡大学模拟联合国（Edinburgh University Model United Nations）

爱丁堡大学模拟联合国是一个向所有对全球问题、国际政治以及联合国在世界各地扮演的角色感兴趣的学生开放的组织。爱丁堡大学模拟联合国的成员每周都会从联合国会员国的角度辩论有关当前和历史性全球问题的决议。除了每周举行的会议外，该组织还在爱丁堡大学主办年度苏格兰模拟联合国会议（ScotMUN），并参加在英国各地举行的会议，包括以新冠疫情大流行为主题的在线会议等。③

---

① The University of Edinburgh School of Social and Political Science, "MSc International Political Theory", https://www.sps.ed.ac.uk/study/postgraduate-taught-programmes/international-political-theory.

② The University of Edinburgh School of Social and Political Science, "MSc International Relations of the Middle East With Arabic", https://www.sps.ed.ac.uk/study/postgraduate-taught-programmes/international-relations-middle-east-arabic.

③ "22 | 23 Mailing List Sign up", Edinburgh University Model United Nations, https://www.edmun.org/.

(2) 联合国儿童基金会在校园（UNICEF on Campus）

联合国儿童基金会在校园是一项学生倡议，该社团旨在通过在大学和更广泛的爱丁堡社区进行筹款活动和知识普及活动，来支持联合国儿童基金会在本地的工作。

(3) 政治与国际关系中的女性（Women in Politics and International Relations）

"政治与国际关系中的女性"是一个包容性的社团，对所有有兴趣了解和讨论性别问题，以及政治和国际关系中的不平等现象的人开放。组织的主要目标是提高学生群体对女性在政治和国际关系，以及公共领域中作用的认识；通过提供成功女性的榜样来激励学生，鼓励他们质疑和挑战当前政治制度和权力关系中的不平等现象；为彼此之间以及与外部演讲者的交流提供机会。①

2. 校内活动

爱丁堡大学内部不定期举办以国际组织就业为导向的多样化活动，鼓励学生积极参与其中，深化对国际组织工作的理解，增强求职技能，积累职业经验。邀请嘉宾来自联合国、欧洲联盟、世界贸易组织和众多国际非政府组织或智囊团，向各位同学介绍国际组织的就业机会，分享成功申请的相关技巧。譬如 2011 年年初，爱丁堡大学曾主办侧重于"环境与气候变化法"领域国际工作的职业咨询会议。

3. 讲座

爱丁堡大学主办了十余种具有较高知名度的讲座系列，包括爱丁堡未来对话（Edinburgh Futures Conversations）、吉福德讲座（The Gifford Lectures）、我们不断变化的世界（Our Changing World）

---

① Edinburgh University Studentos' Association, "Women in Politics and International Relations", https://www.eusa.ed.ac.uk/activities/view/womeninpir.

等。许多讲座的主题涉及可持续发展、全球化、科技创新等议题，邀请了来自国际组织或与国际组织有密切联系的嘉宾进行演讲，学生在这一过程中得以了解不同国际组织的工作机制和重点关注问题，为今后可能的就业方向做准备。譬如爱丁堡未来对话系列的第四场活动于 2023 年 3 月举行了两场会议，汇集了来自科学、政治和民间社会领域的领先专家，主要讨论人工智能技术革命的未来，以及人们的潜在希望、焦虑和恐惧心理。①

三

圣安德鲁斯大学

（一）学校介绍

圣安德鲁斯大学（University of St. Andrews）是一所位于苏格兰圣安德鲁斯的公立大学，它是英国苏格兰地区最古老的大学，也是继牛津大学和剑桥大学之后英语世界第三古老的大学。在 2022 年由《泰晤士报》和《星期日泰晤士报》联合发布的"优秀大学指南"（Good University Guide）中，圣安德鲁斯大学第一次超越牛津大学和剑桥大学，被评为全英国最好的大学。② 在 2023 年"卫报大学指南"（The Guardian University Guide）发布的英国大学排名中，圣安德鲁斯大学取得了同样的成绩，在该指南历史上首次荣登榜首。③

---

① The University of Edinburgh Futures Conversations, "The Future of Artificial Intelligence", March 22, 2023, https：//www. ed. ac. uk/events/lecture-series/edinburgh-futures-conversations/the-future-of-artificial-intelligence.

② The Times & The Sunday Times, "Good University Guide 2022", https：//www. thetimes. co. uk/article/good-university-guide-in-full-tp6dzs7wn.

③ The Guardian University Guide, "The Best UK Universities 2023-Rankings", https：//www. theguardian. com/education/ng-interactive/2022/sep/24/the-guardian-university-guide-2023-the-rankings.

圣安德鲁斯大学的教学机构设置主要由三所大学院（college）、四所学院（faculty）和18个系（school）组成。三所大学院分别为联合学院（The United College of St. Salvator and St. Leonard）、圣玛丽学院（St. Mary's College）和圣伦纳德学院（St. Leonard's College）。四所学院中除了神学院（Faculty of Divinity）设置在圣玛丽学院之下，其余三个艺术学院（Faculty of Arts）、科学学院（Faculty of Science）和医学学院（Faculty of Medicine）都设置在联合学院之下。2022年，圣安德鲁斯大学宣布计划筹款建立一座新的大学院，建成后国际关系系（Schools of International Relations）、管理系（School of Management）、经济和金融系（School of Economics and Finance）三个机构将划归新的"第四所学院"管理。[①]

（二）负责国际组织人才培养的机构设置

圣安德鲁斯大学负责国际组织人才培养的机构主要是设立在艺术学院之下的国际关系系（School of International Relations）。其学科实力在英国享有盛名，在苏格兰的国际关系学科排名中位居第一，在英国的政治学学科排名中位居第一。

圣安德鲁斯大学国际关系系将自身的研究重心集中在三大主题之上：①冲突、和平与安全，包括对于政治暴力和恐怖主义、国际安全、对冲突的制度性回应、战后重建、人权、和平与暴力的政治经济学等议题的关注；②全球和超国家机构，包括对正式的国际机构（例如联合国、各种区域组织等）、制度（环境、不扩散机制）、关于全球秩序的想法和实践（大国的崛起，全球宪政和全球正义的可能性）、国际关系和国际法之间的联结四个问题的研究和讨论；

---

① University of St. Andrews, "New College", https://www.st-andrews.ac.uk/development/support/projects/new-college/.

③公民社会和国际关系，包括对宗教和政治工作的研究、围绕创伤和纪念的辩论、对"隐藏的参与者"在国际关系中的表现和理解方式、全球南方的抵抗政治的研究等。

除此之外，该系还在区域研究方面拥有显著优势和深厚传统，这有助于将上述研究纳入更广泛和具体的主题领域。① 正如其官网所述，对于国际组织和制度的研究已将成为该系突出的学术专长之一，这不仅包含了对各类国际组织的针对性研究，还有对全球治理、可持续发展议题的重点关注和长期追踪，例如恐怖主义和政治暴力、和平与冲突研究等，② 对此类议题感兴趣的学生可以在这里获得全面且深入的讨论、学习和实践经历。

圣安德鲁斯大学在国际关系系之下还开设了 2 个主要研究项目和 10 个研究中心与研究所，其聚焦议题与工作内容同样展现出了对国际组织相关事务的高度关注。研究项目分为欧亚洞察：加强印太研究（Eurasian Insights: Strengthening Indo-Pacific Studies）和全球政治中的日常生活（Everyday Life in Global Politics），前者旨在拓宽对印太地区的知识和见解，而后者专注于国际关系中的普通个人，以及他们的平凡做法和日常行为。③ 在 10 个研究中心与研究所中，包含了全球法律与治理中心（Centre for Global Law and Governance，CGLG），致力于探索全球秩序多种表现形式的发展和挑战；战争与战略研究所（Institute for the Study of War and Strategy，ISWS），旨在就广泛构想的战争和战略问题进行研究和公开辩论；和平与冲突研究中心（Centre for Peace and Conflict Studies，CPCS），

---

① University of St. Andrews School of International Relations, "Research Themes", https://www.st-andrews.ac.uk/international-relations/research/research-themes/.

② University of St. Andrews School of International Relations, "About the School of International Relations", https://www.st-andrews.ac.uk/international-relations/about/.

③ University of St. Andrews School of International Relations, "Research Projects", https://www.st-andrews.ac.uk/international-relations/research/projects/.

分析和调查冲突和冲突解决的过程,以建设长期和平;恐怖主义和政治暴力研究中心(Centre for the Study of Terrorism and Political Violence,CSTPV),致力于研究恐怖主义和相关形式的政治暴力的起因、动态、特征和后果等。[①] 包含多个层次在内的机构设置为圣安德鲁斯大学的国际组织人才培养提供了强劲和系统的平台优势。

(三) 国际组织人才培养的课程体系设置

圣安德鲁斯大学国际关系系学生的课程体系可以根据所授予的不同学位分为三个类别:本科生课程、授课型研究生课程(Postgraduate Taught Courses)和研究型研究生课程(Postgraduate Research Courses),每个体系中都会或多或少地涉及对国际组织相关议题内容的学习。

1. 本科生课程

圣安德鲁斯大学是英国为数不多的,专门提供国际关系单一荣誉学位的大学之一。在国际关系系学习的本科生最终可以获得两种学位:国际关系文学学士(国际荣誉)(International Relations BA,International Hons)或国际关系文学硕士(荣誉)(International Relations MA,Hons)。前者是由圣安德鲁斯大学和美国弗吉尼亚州威廉玛丽学院(The College of William & Mary)联合授予的学位,学生可以在每个机构分别学习两年;后者是由国际关系系单独开办的四年制课程,主要为两年的集中强化学习和一篇12000字的毕业论文。

在国际关系文学学士(国际荣誉)的课程体系中,圣安德鲁斯大学国际关系系为选择第一年和第二年在本校修读的学生提供了六个模块的课程,分别为全球政治概念模块——讲授国际关系学科的

[①] University of St. Andrews School of International Relations, "Research Centres and Institutes", https://www.st-andrews.ac.uk/international-relations/research/centres/.

基本特征；全球政治中的外交和外交政策模块——讲授各国制定政策和实施外交的方式；经济学模块——讲授宏观经济学和微观经济学；历史模块——讲授近代早期西方世界（约 1450—1770 年）和近现代史的主题（1776—2001 年）；国际关系的理论方法模块——讲授国际关系的理论及当代运用；国际关系研究模块——讲授理论与方法之间的关系以及如何构建研究过程。第三年和第四年可以从更高阶的课程选项中进行选择，包括冲突和冲突解决、人权、国际法、国际安全、全球化、恐怖主义和比较政治等。①

国际关系文学硕士（荣誉）的课程体系设置与文学学士的课程体系有许多相似之处，前两年的学习内容更具基础性和入门性，分为全球政治概念、全球政治中的外交政策和外交、国际关系的理论方法、国际关系研究四个模块，旨在让学生掌握"在本专业领域的更高荣誉级别进行更深入研究所需的一系列经验和关键技能"。后两年的课程更加进阶和具体化，涉及国际关系系的几乎所有研究重点：亚洲、非洲、中东和拉丁美洲国家的比较政治；和平与解决冲突；性别与国际政治；人权；国际法和机构；国际政治经济学；国际安全；国际理论；全球化；恐怖主义。学生需要最后在导师的指导下提交一篇 12000 字的论文以顺利毕业。②

2. 授课型研究生课程

圣安德鲁斯大学国际关系系设置了 8 个授课型硕士学位之下的研究生课程，各个学位研究的核心议题分别为国际政治理论、国际安全研究、中东和中亚安全研究、战略研究、恐怖主义和政治暴力、调解与和平建设。以与国际组织和国际工作领域深刻相连的

---

① University of St. Andrews School of International Relations, "International Relations BA (International Honours)", https：//www.st-andrews.ac.uk/subjects/international-relations/international-relations-ba/.

② University of St. Andrews School of International Relations, "International Relations MA (Honours)", https：//www.st-andrews.ac.uk/subjects/international-relations/international-relations-ma/.

"调解与和平建设硕士"（Peacebuilding and Mediation，MLitt or MPhil）"课程为例，其最终可以为学生颁发哲学硕士和文学硕士两种学位。

该学位课程分为必修和选修两个类别。必修课包括"建设和平的关键方法"模块：审视和平建设的参与者、环境、时间性、挑战和机遇；以及"调解：社区和全球实践"模块：确定冲突解决实践的历史、概念和理论基础，并分析各种形式的调解方法和实际结果。选修课的主题纷繁多样，并且每年会发生变化，2023年的最新课表包括女权主义政治经济学，冲突政治经济学，监狱：权力、抵抗和建设和平的空间，世界政治中的安全和司法机构，等等。除此之外，学生还需完成对实践项目的要求，他们有机会在苏格兰、英国或国际上与和平建设、调解、冲突解决和转型领域的合作组织一起度过一个学期，在其中进行学习调研。可选择的组织包括"光环信托"组织（The HALO Trust）、布拉德福德和平博物馆（Peace Museum，Bradford）、位于利比里亚的"对话与和平平台（Platform for Dialogue and Peace）"、位于尼日利亚的国际争议解决协会（International Dispute Resolution Institute）等。①

3. 研究型研究生课程

圣安德鲁斯大学国际关系系的研究型研究生课程设置在两年期哲学硕士学位（MPhil）和三年期的博士学位（PhD）之下。总体来说，研究型研究生的学习内容倾向于对各个学生所关注领域进行更加细化的聚焦和更深入的探索，课程数量相对较少，主要集中在两年期硕士学位之下，其中不少与上文中授课型研究生课程相重合，后者时常作为前者的前置性课程出现。直接与国际组织相关的

---

① University of St. Andrews School of International Relations，"Peacebuilding and Mediation（MLitt or MPhil）"，https：//www.st-andrews.ac.uk/subjects/international-relations/peacebuilding-and-mediation-mlitt/.

课程包括为国际安全研究硕士研究生开设的"世界政治中的安全和正义机构"课程,以及为战略研究硕士研究生开设的"国际政治中的安全和司法机构"课程。①

(四) 国际组织人才培养的实践项目设置

1. 职业发展与能力提升

圣安德鲁斯大学为毕业生未来的职业发展提供了全面的支持体系,包括职业生涯规划、职业技能培训、继续学习与深入教育等。官网中开设了"国际事务"的页面,为希望在未来从事此类工作的学生提供帮助,其中介绍了国际事务从业者的基本工作角色分类、加入这一行业所需要的前提准备、申请工作的步骤和渠道汇总等,尤其是在有关国际组织的志愿服务、实习培训方面也提供了资源整合。学生还可以预约一对一的个性化帮助,由学校的职业顾问提供量身定制的职业建议和支持。②

除此之外,在个人能力提升方面,学校还专门设立了教育促进与发展中心(Centre for Educational Enhancement and Development,CEED),该中心负责为全校师生和工作人员提供教育教学、学术科研、职业发展层面的技能学习和能力强化服务。学生可以在这里接受语言、互联网IT、领导力提升等多方面的"再教育"。结合学校对于国际事务职业发展的规划,希望在未来加入国际组织的学生可以根据自己的长处和弱势,在中心中进行有针对性的学习,使自己在行业中更具竞争力。③

---

① University of St. Andrews School of International Relations, "MPhil Degrees in International Relations", https://www.st-andrews.ac.uk/international-relations/prospective/pgr/mphil/.

② University of St. Andrews, "International Affairs", https://www.st-andrews.ac.uk/careers/career-options/sectors/international-affairs/.

③ University of St. Andrews, "Centre for Educational Enhancement and Development (CEED)", https://www.st-andrews.ac.uk/ceed/.

2. 学生组织与社团

圣安德鲁斯大学里有 9 个与国际组织相关的学生社团,他们关注的核心问题主要集中在妇女、儿童、人权以及联合国等相关领域。表 3-1 展示了这 9 个组织的基本概况。

表 3-1　圣安德鲁斯大学中与国际组织相关的 9 个学生社团

社团名称	基本宗旨
大赦国际（Amnesty International）	尊重和保护人权
女权主义（Feminist）	促进圣安德鲁斯大学、全国和国际的女权主义事业
无国界医生之友（Friends of MSF）	支持无国界医生组织（MSF），在最需要的地方提供医疗援助
模拟联合国协会（Model United Nations）	模拟联合国各机构中的辩论过程,涉及从英国"脱欧"到星球大战的一切话题
难民行动（Refugee Action）	对英国和整个欧洲的难民和移民困境的回应
学生促进全球卫生（Students for Global Health）	通过教育、宣传和社区社会行动解决地方和全球卫生不平等问题
联合国儿童基金会（UNICEF）	为联合国儿童基金会筹款,提高人们对联合国儿童基金会在国际上支持的事业和努力的认识
联合国协会（United Nations Association）	促进民间社会参与联合国的工作
妇女互助国际组织（Women for Women International）	通过社会和合作活动为妇女互助国际组织提供支持和筹款

资料来源:"Societies", University of St. Andrews Students' Association: Your Union, https://www.yourunion.net/activities/societies/。

四

伦敦大学学院

（一）学校介绍

伦敦大学学院（University College London）成立于 1826 年,位

于伦敦市中心，是一所世界领先的多学科大学。该学校在 190 个国家有 35 万名校友，截至 2022 年年底，在校生中有 55% 的国际学生，34% 的国际员工以及丰富的行业联系及外部合作伙伴。鉴于现实中专业学科之间的交叉、重叠甚至融合状态的普遍性，伦敦大学学院的学科组织形态十分注重在广泛学科设置基础之上跨学科领域的共同努力。例如政治科学的专业性较强，本科学位主要为两个基础学科——哲学政治和经济学以及政治和国际关系学，硕士和博士学位会拓展到全球公共政策和管理、国际公共政策、全球治理和伦理等学科领域。

（二）负责国际组织人才培养的机构设置

1. 国际教育发展中心

对伦敦大学学院国际组织人才培养影响最大的机构是隶属于该校教育研究院的国际教育发展中心。该中心一直关注着教育与贫穷和不平等、冲突与和平重建、移民、性别平等、教育和健康福利改善等全球性课题。在此指导下，伦敦大学学院向着国际教育政策、国际发展研究的方向大步迈进，开设了四个硕士学位，分别是：教育与国际发展专业，从社会、经济、可持续发展及全球化等视角讨论国际发展理念与挑战，培养未来从事教育国际发展相关工作的兴趣与能力；教育、健康与国际发展专业，批判地运用健康教育、社会发展等理论开展研究，讨论相关议题并设计教育发展规划；教育规划、经济与国际发展专业，学习理解教育与国家发展的关系，掌握经济学理论及原则在国际发展中的应用；教育、性别与国际发展专业，聚焦于发展中和低收入国家教育政策与实践，批判地分析性别与国际发展问题。

在学习之余，国际教育发展中心的学生还能拥有为期一周的巴黎游学机会，前往国际教育规划研究所、联合国教科文组织以及经济合作与发展组织等国际组织进行实地考察，相较于普通课程上的理论和方法道路的学习，实习对研究生有着另一方向的提高——对国际组织的工作性质和内容形成了更为深入的了解，提前熟悉和拓展学生毕业后可能从事的专业工作。同时，在活动要求上，该中心还会要求研究生在游学结束后，对有关的发展使命、发展主题进行更深层次的思考和反馈，最后将实践转换成理论知识的总结升华。

2. 教育研究院

教育研究院对伦敦大学学院国际组织人才培养的助力并不仅是直接培训。在当下以主权国家之间利益博弈为主的国际组织活动过程中，相对独立的、具有研究单位性质的高等教育机构更容易获得国际组织的认可，因此能够在国际事务中收获一定的话语权。此外，不同领域的高校智库在全球治理中的重要性亦逐渐得到凸显。伦敦大学学院教育研究院就是兼具高等教育机构和高校智库性质的组织机构，这种与国际组织的有机联系，能够使其为学生提供与众不同的、较深入接触国际事务的机会，进而能够输送更多人才参与国际事务的咨询和研究，不仅有利于培养学生对国际组织工作的兴趣，还能使学院毕业生在同领域国际组织的选拔和聘用中获得更大的潜在优势。

(三) 国际组织人才培养课程体系设置

政治科学与国际关系系是伦敦大学学院世界级研究与英国国际政策制定之间的重要桥梁，也几乎包揽了国际组织人才培养的课程供给。该系允许学生从政治学系提供的核心课程列表，以及其他系推荐的政治研究课程中进行选择，并做出了强制规定："学生必须将至少50%的课程集中在政治学系，其余50%将根据学生兴趣分配到政治学系之外"。

大多数模块通过正式讲座和小型研讨会的结合来教授，学生将被要求准备阅读材料和完成其他任务。模块通常通过论文作业或年终笔试进行评估。2023学年政治科学与国际关系系的核心课程设置主要划分为三个层级，其中包括了"国际冲突与合作""国际政治经济学""政治行为分析"等一系列涉及国际组织交流与协作的课程。除此以外，该项目更具吸引力的是其丰富的活动——学生将有机会参加多种类型的一周研讨会，其间将有著名的校外讲师进行演讲，并会定期邀请政治家及其他人参与到活动中。

在政治学通识专业知识教授的基础上，伦敦大学学院政治科学与国际关系系还开设了与国际组织直接相关的学术课程，如本科生高年级课程"国际组织"，以及研究生课程"国际组织：理论与实践"。该课程目的是向学生介绍组织在当代政治中发挥的各种作用。课程内容主要分为两个部分，第一部分侧重于阐述国际合作的主要理论和概念，第二部分则专门讨论全球治理中的具体事务，介绍和分析环境、人权和全球市场等主要涉及的领域及其相关国际组织。

按照课程计划设置，在整个课程中学生的学习围绕着评价国际组织如何实现既定目标这一主题进行，侧重对三个核心问题进行辩论。伦敦大学学院开设类似课程希望通过课程介绍国际组织运行的理论依据、采用的主要政策以及其进行的主要活动，让学生明白公共决策的困难，加深学生对全球化背景下国际组织甚至是全球治理的认识。

（四）国际组织人才培养实践项目设置

截至2022年年底，共有来自180个国家，超过5.4万名学生在伦敦大学的国际项目中学习。伦敦大学学院所拥有的国际教育、协作资源是该校学生了解、参与国际组织工作的巨大优势。伦敦大学学院有专门的实习就业中心，会针对不同专业、不同领域的就业举办不同的主题周，其中就有展示了国际发展部门的不同角色和职业道路的国际发展周以及政府政策周。

在这一周里，实习就业中心会举办宣讲和讨论会，介绍行业发展状况和未来方向，帮助学生了解各类国际组织的职能、国际组织的基本用人标准，并为希望从事国际发展、国际组织工作的学生做出职业规划建议和技能培训，为其进入国际组织工作提供实习或暑期工作的机会。

总体而言，伦敦大学学院在国际组织的人才培养上有一定成就，激起了学生对国际组织的兴趣，源源不断地向其输送人才，同时也依据国际教育发展的优势，形成了稳定、独特的人才培养方向。除此以外，伦敦大学学院为提高学生到国际组织实习和毕业生赴国际组织就职的机会，开展了多种多样的国际组织专题活动，但这种活动相比于其他学校不具有足够大的规模且数量较少。

五

伦敦政治经济学院

（一）学校介绍

伦敦政治经济学院（The London School of Economics and Political Science，LSE）于1895年在英国伦敦创立，是一所公立研究型大学，为伦敦大学联盟成员和罗素大学集团成员，被誉为"金三角名校"和"G5超级精英大学"。伦敦政治经济学院专注于社会科学研究，在政商界享有卓越口碑。截至2016年年底，校友中诞生了18位诺贝尔奖得主、55位国家元首或政府首脑、31名英国下议院议员及42名上议院议员。根据REF 2014英国大学官方排名，伦敦政治经济学院拥有全英比例最高的世界领先级研究成果，同年公布的Wealth-X和UBS针对全球富豪的联合调查报告显示，在所有欧洲大学中，伦敦政治经济学院培养了最多的亿万富翁，其毕业生平均起薪亦为全英最高。

（二）负责国际组织人才培养的机构设置

国际组织课程开设于国际关系学系，伦敦政治经济学院的国际关系学系与国际关系领域的"英国学派"的发展密切相关。该系的主要目标就是为学生提供广泛的选择，包括学习国际关系的主要理论观点，进行冲突研究以及冲突管理，在主要国际机构的工作机会，以及从欧洲到中东的世界主要地区的研究调研机会等。

（三）国际组织人才培养的课程体系设置

1. "国际组织"课程

本课程使用国际机构的理论来解释在国际政治中，国际组织在相对重要的方面的作用。这些问题包括为什么国家创建国际组织，为什么国家向国际组织移交某些权力，国际组织中的决定是如何做出的，以及在国际社会关注的问题，如维护国际和平与安全、国际经济关系的管控、促进国际环保标准或保护人权等。讨论的国际组织包括联合国、国际货币基金组织、世界银行集团、世界贸易组织、北大西洋公约组织、国际刑事法院以及诸如欧盟、非盟和东盟这样的区域组织。

该课程开设于大二，以选修课的形式开展（从5门国际关系课程中选择3门）。授课前，学生需要有对国际关系相关背景知识的了解，事先熟悉国际关系理论有助于开展教学。参加本课程的学生将在第6周有一个阅读周，专门用于阅读。学生需要在春季学期和秋季学期各完成一篇论文，并任选一个学期完成演讲。形成的论文要求1500字。课堂教师将审阅论文并做上标记，对学生的演讲内容及时提供反馈。论文的主题源于一系列固定的问题，论文重点要关注在课程的第一部分所涵盖的理论和概念。

2. "英国脱欧的政治与政策：英国与欧盟的变化的关系"课程

"脱欧"代表了和平年代现代英国政治制度面临的最重大的挑战之一。本课程将探讨英国作为欧盟成员国的身份如何成为麻烦，以及"脱欧"对英国政府和英国政治的可能的影响。本课程会为学生提供合适的概念和分析框架，以帮助他们理解英国脱欧以及由此带来的挑战。这样一来，英国脱欧的变化和不确定性就可以从一个能认识到这种关系中涉及的持续存在的利益和规范的更长远的角度来考虑。

3. "国际刑事法院的情况"课程

该课程向学生介绍了国际刑事法院（International Criminal Court，ICC）的实践。本课程着眼于国际刑事法院正在进行的调查和起诉，即所谓的"形势"（situation）。以国际体系中困难重重的国际组织之一为背景，举例说明了国际法中的政治。在"实践理论"的基础上，它融合了法律、社会科学和人文学科的方法论。通过对国际刑事法院采用变化发展的观点，该课程提出并回答了有关国际政治中制度设计和发展的相关理论问题。

将要讨论的经验案例包括国际刑事法庭的8种情况（刚果、乌干达、中非共和国、苏丹、肯尼亚、利比亚、科特迪瓦和马里）以及国际刑事法院的初步检查的地区（阿富汗、哥伦比亚、格鲁吉亚、几内亚、伊拉克、尼日利亚、巴勒斯坦和乌克兰）。学生将学习使用法院文件和理论文本。

4. "全球社会政策和国际组织"课程

本课程探讨了全球化如何改变了我们对卫生、教育、社会服务和其他涉及社会公民权领域的看法。该课程研究国际政策环境，特别是政府间组织、影响发展中国家社会政策的环境的双边和多边援助机构和非政府组织。课程审查了政府间制定政策的过程对政策结果的影响，以及在全球社会政策中发挥作用的宗教团体、社会运动和公司。

5. "欧盟的政府、政治与公共政策"课程

该课程分为两个部分：政府和政治和公共政策。（1）政府和政治：欧盟作为一个政治体系，包括理事会、委员会和欧洲议会、法院和司法政治、民意和欧洲议会选举、政党和欧洲利益代表。（2）公共政策。政策会议通常包括：政策决策过程、单一市场、预算政策、再分配政策、欧洲经济与货币同盟、庇护、移民和难民政策、对外关系政策等。

6. "冷战与欧洲一体化（1947—1992）"课程

该课程将研究欧洲冷战的演变以及欧洲一体化的进程，并探寻这些平行发展之间的联系是什么。包括马歇尔计划、北约的诞生、舒曼计划、德国裁军和欧洲防务集团、西欧联盟、美国和欧洲原子能机构、欧洲经济共同体、肯尼迪国际机场的大设计、戴高乐的竞争对手的愿景、1965—1966年的"双重危机"、北约和西欧联盟、东方政策和德国外交政策激进主义的重新出现等问题。

（四）国际组织人才培养的实践项目设置

1. 就业帮助

一方面，伦敦政治经济学院为学生提供有关国际组织的工作信息和相关网站，包括政府间国际组织和非政府间国际组织。学校鼓励学生积极和在国际组织工作的校友取得联系，获得有关的信息。与此同时，学校的论坛提供了许多有关在国际组织工作的有效建议的博客，比如如何成为红十字国际委员会的代表、在联合国工作的经验分享等。

另一方面会举行有关国际组织的活动，包括国际组织周（IOW），帮助学生更好地了解国际组织的工作情况。国际组织周一

般是在秋季学期的第六周，伦敦政治经济学院举办为期一周的一系列报告，提供与来自国际组织的代表进行人际交往的机会和小组讨论会，帮助学生深入了解国际组织做什么、如何组织和招聘，以及它们在寻找什么样的申请人。主要针对的是希望在国际组织工作的学生，参与活动需要提供伦敦政治经济学院的学生信息。

2. 学生组织

伦敦政治经济学院的学生会（LSESU）组织了有关国际组织的工作经验的内容分享。主要通过播客的方式，分享在联合国以及相关国际组织的工作经历，包括他们的工作是怎样的、他们的工作经历是怎样的、他们目前正在处理的项目以及他们对目前工作未来稳定性的预期等。通过一系列的线上访谈拓宽学生对国际组织的认识以及为学生提供职业建议。

3. 学校网站（论坛）

伦敦政治经济学院的网站上会发布有关对国际组织的评论性文章，有一个关于欧盟的专栏，在专栏中会发布一些关于欧盟研究的文章以及英国脱欧的分析，比如对欧洲中央银行的评价，有关欧盟频繁举行国家选举会降低对欧洲选举的投票率的文章，分析离开欧盟会如何影响英国，并将英国带向未知的领域的文章等。

六

华威大学

（一）学校介绍

华威大学（The University of Warwick）是一所位于英国沃里克郡和考文垂市交界处的公立研究型大学。该校是罗素集团、米德兰兹创新联盟、欧洲大学协会、英联邦大学协会、全球大学高研院联盟、中英大学工程教育与研究联盟成员。华威商学院在商界享有口碑，2020年《金融时报》排名，华威商学院的金融硕士项目位列世界第11位。华威大学作为英国典型大学制度的受益者，是自治的公共机构，有义务为公众利益服务。

（二）负责国际组织人才培养的机构设置

华威大学负责国际组织人才培养的机构集中在社会科学学院。在学院的设置上，跨学院研究学院、政治与国际研究学院在课程设置上都有和国际组织人才（国际治理人才）培养相关的本科专业与课程。华威商学院和国际管理专业也有相关项目，但是主要从事与国际金融机构相关的教学与实践工作。

华威大学的学生有机会通过"走向全球"项目在国际工作和研究领域脱颖而出，获得全球视野，培养跨文化技能，成为当今全球社会中一股真正积极的力量。学生可以参加语言咖啡角、文化活动、出国学习、国际组织工作或志愿服务等活动。由华威大学慈善基金会资助的华威非洲和华威拉克什项目，在当地社区的许多志愿服务活动中发挥作用，例如支持南非、坦桑尼亚、加纳和印度新德里学校的数学和英语教学。

（三）负责国际组织人才培养的课程体系设置

1. 政治与国际研究学院

在政治与国际研究学院，最突出的课程就是政治与国际研究（政治与国际研究文学士），这也是该学院最主要的本科生课程之一。在三年的学制中，每一学年会系统学习一个核心模块，为政治和国际研究的学科学习奠定坚实的专业基础。随后该学院的学生可以选修自己感兴趣的模块来达到学位课程需要的学分要求。选修模块分为四个专业：政治理论与公共政策、国际关系与安全、比较政治与民主化以及国际政治经济学。

第一年的主要课程为"政治学导论""世界政治"和"21世纪政治研究"。在第一年的课程中，主要是让学生对政治学中的主要问题和理论观点有一个广泛的理解，同时了解世界政治以及国际关系在国家间互动中的作用。深入了解国家结构和体系的历史基础，并熟悉1945年后国际关系的主要理论。

第二年的主要课程为"霍布斯的政治理论：寻求自由与平等"，同时还开设了"国际发展政治""国际关系理论""国家与市场""国际政治经济学导论""国际安全"可选核心课程。

第三年的主要课程为"政治理论中的问题研究"，该门课程有很多可选课题，其中有不少与国际治理和国际组织相关的课程，如"欧洲一体化主题""欧盟决策""全球化政治""全球能源挑战""气候变化的政治"等。该门课程主要以讲座和研讨会的方式呈现，大多数模块都是通过每周讲座和研讨会的组合来教授的。讲座介绍一个主题，为研讨会上的讨论做铺垫。在研讨会上，学生可以向在许多子领域具有国际研究背景的专家学习。

同时，政治与国际研究学院还结合语言开设了很多具体的研究专业，在培养国际组织人才的基础知识的层次上，通过与语言的结合，提高国际组织人才的综合能力。包括政治、国际研究和法语、德语、西班牙语、意大利语和中文。其中中文、法语、西班牙语都是联合国的官方工作语言。

2. 跨学院研究学院

（1）全球可持续发展理学士

跨学院研究学院成立了专门的可持续发展部门（SDG），主要课程是全球可持续发展理学士。这个课程同样也是分为主要模块和可选模块，在第一年，核心模块将提供对"可持续发展的三大支柱"的批判性理解：全球可持续发展的经济原则、全球可持续发展的环境原则、全球可持续发展的社会原则，同时还会学习核心的全球可持续发展项目模块，有机会了解 SDG 的原则如何应用于影响当地社区的真实案例。第二年将包括 50% 可选核心模块和 50% 可选模块，学生将有机会参与可持续发展的关键问题，学习以下几个可选核心模块：健康与可持续发展、全球粮食系统的安全、主权和可持续性、不平等与可持续发展——人人享有包容与尊严。

同时还会从学院内外选择以 SDG 为重点的可选模块，以进行跨学院研究。比如与经济研究、教育研究、商业研究、生命科学研究、哲学、国际政治研究、社会学、历史、心理学、戏剧和表演等专业结合。总的来说，其可以为国际组织和国际治理人才培养打好基础，在可持续发展相关理论的基础上结合不同的专业知识，为不同类型的国际组织培养更专业化的人才。

在核心模块之外，还提供很多可选模块，可选模块每年都有所不同，包括气候变化的挑战、拉丁美洲和加勒比的人权与社会正义、能源三难困境、债务、金钱和全球可持续发展、实现可持续发展等。

可持续发展部门还举办了全球可持续发展竞赛，关注英国脱欧谈判中的可持续发展、管理环境资源、全球变暖目标、可持续发展面临的当地挑战、可持续发展和创造、新冠疫情大流行和第 26 届联合国气候变化大会等议题。鼓励学生在更多地了解全球可持续发展的同时进行创造性思考并获得宝贵的研究技能，入围者将受邀参加全球可持续发展活动。

（2）国际发展硕士

在研究生方面，同样在上述学院也开设了相关的课程。但比较突出的是，华威大学政治与国际研究学院还开设了国际发展这个专业。在核心模块主要学习国际发展中的理论和问题，探讨与全球化治理和发展相关的理论和问题。通过研究理论，探索知识的构建方式研究关于殖民主义、民族主义和现代性历史的主要辩论，以及后殖民发展的不同方法以及影响全球发展的问题——贫困、气候变化、贸易、性别关系和粮食安全等。在可选模块也包含了跨国司法与国际发展、公民身份、移徙和文化多样性、东亚发展模式等课程。同时，还相应地设置了华威政治与国际研究系和华威国际发展跨学科研究中心（WICID）和华威全球发展协会。

总结来说，在课程设置方面，华威大学提供了基础的国际关系、国际政治研究还有可持续发展相关的基本课程。比较特色的是，他们开设了一些跨学科的综合课程，使有志于从事国际治理的学生能够在学习本学科知识的同时，掌握经济、商业、语言等其他学科技能，使培养的国际治理人才更加专业化，能参与不同类型国际组织和国际发展问题的治理。

（四）负责国际组织人才培养的实践项目设置

1. 发展项目

跨学院研究学院设置了一些课外活动证书，其中包括可持续发展顾问证书，由大学房地产可持续发展团队和全球可持续发展学术召集人共同提供。这是华威大学的一项独特资源，允许学术和服务部门之间密切合作。学习者项目团队将担任可持续发展顾问，与利益相关者和决策者会面，共同制定书面简报。作为一个团队，小组将通过适当的审计方法生成必要的数据，分析并写下他们的发现和建议，反馈给内部和外部利益相关者，以便在进一步的行动中考虑。通过两个评估部分，成功完成证书，将获得可持续发展咨询（审计）证书。

2. 职业规划

华威大学的职业部门有国际职业的专门网站和系统，帮助学生探索自己的能力，并寻找相应的岗位空缺和匹配。同时，华威大学与著名职业生涯规划中心合作，为学生提供相应的社会流动和职业探索机会。虽然不是专门提供国际组织工作机会寻找的机构，但是有这样强大的机构合作，也为华威大学培养国际组织人才提供了帮助。

3. 讲座设置

在华威大学，还开展了一系列有关国际组织的相关讲座，如"国际贸易组织短暂但意义重大的一生：我们时代的经验教训""国际劳工组织和非洲工会：三方幻想和持久斗争""权力、规则和世贸组织""世贸组织的法律、语言和国际贸易条例"等。与国际组织相关的丰富深度的讲座能够让学生对国际组织及其工作职能有更深刻的了解。

七

巴黎政治学院

（一）学校简介

巴黎政治学院（Scieuces Po）是世界顶尖社科类大学，在 2021年 QS 世界大学学科排名中，巴黎政治学院的政治学科连续 6 年位列世界第二，仅次于哈佛大学，被誉为"法国社会精英的摇篮"。据称，法国 70% 的政治家、80% 的企业管理者来自巴黎政治学院。自法兰西第五共和国成立以来，马克龙、奥朗德、萨科奇等 6 位前任总统以及 13 位总理都毕业于该校。在国际组织领域，联合国第六任秘书长特罗斯·加利、前世界贸易组织总干事帕斯卡尔·拉米、国际货币基金组织前总裁卡恩等著名人物也都曾就读于巴黎政治学院。

(二) 负责国际组织人才培养的机构设置

巴黎政治学院的国际事务学院（Paris School of International Affairs，PSIA）是国际组织人才培养的主力军，旨在培养和塑造全球参与者，以了解和应对世界的复杂性。学院设立的目标之一便是培养国际组织、无政府组织人才，巴黎政治学院为学生的国际组织发展道路提供四个方面的帮助：信息和资源、职业路径认知与职业辅导、与在职官员直接交流对话的机会、优秀校友的经验分享。除此之外，巴黎政治学院开设了学校内部平台 Go in Global，助力学生寻找国际组织实习机会。

巴黎政治学院的本科生培养采取 2+1 模式，以社科通识教育为导向，并设有与国际组织直接相关的课程。而在硕士生阶段，巴黎政治学院国际事务学院则划分了十分细致的专业方向，开设了多元的硕士项目，与国际组织的各个领域联系紧密。

(三) 培养课程体系设置

1. 本科生

本科教育实行三年制，课程基于人文社会科学，以法学、经济学、人文科学、历史学、政治学和社会学六门主课为基础，辅以艺术和科学学科。该阶段的教学目标设定为学生提供了解当代世界的所有工具。

在第一年，学生致力于学习基础知识。在第二年，学生将从"经济与社会""政治人文"和"政治与政府"中选择一个专业，每个专业都提供多学科的方法来帮助学生应对当今世界的挑战。学生一般将在国外度过第三年，他们可以选择在政治学院的478所合作大学的其中一所学校学习一整年，或者选择带有实习学期的混合年。国际双学士学位项目的合作大学有：美国哥伦比亚大学、日本庆应义塾大学、加拿大英属哥伦比亚大学、德国柏林自由大学、新加坡国立大学、美国加州大学伯克利分校、英国伦敦大学学院、中国香港大学、澳大利亚悉尼大学。

本科阶段的突出特点有以下4个方面。①强大的国际开放度。巴黎政治学院欢迎在巴黎的大学学习普通课程或双学位的国际学生。校区按照区域研究偏好分类，其他校区通过提供其他地理区域研究的内容，为学生提供深化共同课程的机会。②与科学持续对话。除了人文科学和社会科学方面的培训外，科学课程也被纳入学习计划。第一年，学生将学习统计学以及如何将其应用于社会科学；第二年，学生将围绕数字问题和社会学进行基础课程。③批判性思维的发展。在巴黎政治学院，学生们通过小组课程进行学习的深化，学会在公共场合表达自己、辩论和培养批判性思维。这些讲座或沙龙都在学者和专业领域从业者的带领下开展。④学生将把公民参与实践与学习相结合。公民课程使学生可以为公众服务并与公众接触。学生们将开发自己的个人项目，以了解自己的公民身份和社会责任。无论是教育、就业、环境还是正义、健康、和平等主题，这项服务使命都发生在巴黎政治学院的围墙之外。通过这个独特的制度，学生将获得自主性、公共行动的意识、开放的思想和集体工作的能力。

2. 硕士生

从就业分布上来看，国际组织就业人才主要分布在国际事务学院（以下简称"PSIA"）。PSIA 在国际事务最突出的领域提供了 7 个硕士课程供学生选择——国际安全、国际治理与外交、国际经济政策、国际发展、人权与人道主义行动、环境政策、国际能源转型，为期两年。同时，学生也可以通过在 PSIA 工作两年以上，或作为巴黎政治学院新闻学院新闻与国际事务联合项目的一部分，以及作为与 PSIA 大学合作伙伴之一的双学位课程的一部分，这几种方式在其中任何一个领域攻读硕士学位。国际事务学院的国际双学士项目合作大学有：博科尼大学（意大利）、哥伦比亚国际与公共学院（美国）、自由柏林大学（德国）、乔治敦大学法学院（美国）、伦敦国王学院（英国）、伦敦政治经济学院（英国）、俄罗斯国立外交大学（俄罗斯）、北京大学（中国）、斯德哥尔摩经济学院（瑞典）、圣加伦大学（瑞士）、法国索邦大学（法国）、圣西尔军事专科学校（法国）、巴黎农业技术学院（法国）。

以下是巴黎政治学院硕士课程的具体介绍：

◆ 巴黎政治学院—博科尼大学双学位项目：国际组织专业课程

该项目为巴黎政治学院与意大利博科尼大学的双学位联合培养项目，招收硕士生，项目全称为"The Master of Science in Economics and Management of Government and International Organizations"，强调与职业发展的互动与专业领域的契合。第一学期和第二学期为通修课程，在后两个学期中，学生可在两个模块中选择一定数量的课程，作为专业的核心课程；其语言课程包括英语和第二外语。

该项目还设计了许多与国际组织相关性很高的课程，包括"国际组织和 NGO 管理""政府和国际组织：趋势与职业发展""国家和国际组织法"等。"国际组织和 NGO 管理"课程利用管理学的方法，对联合国系统、国际金融机构、国际非政府组织和全球基金会等国际组织的关键领域进行研究。"政府和国际组织：趋势与职业发展"课程主要探讨政府和国际组织的角色和性质、国际组织和 NGO 最新趋势的介绍以及在这些机构担任职务所需要的技能。"国家和国际组织法"课程要求学生聚焦国际法和国际规则，尤其关注 WTO 和欧盟。

◆ 全球治理与外交

该项目课程重点关注以下四个主题：全球治理政策分析、国际政治经济学和经济政策、国际法、领导力和管理，旨在培养跨文化背景下具有解决全球问题能力的优秀决策者，为国际政府间组织、非政府组织和外交部门输送人才。

该硕士项目中与 IO 相关度较高的课程，包括"国际组织法""国际贸易法和世界贸易组织"以及"全球公共政策制定"等。"国际组织法"课程旨在阐述更包容的国际组织概念，除了详细分析具有条约基础的传统国际组织，还涵盖了其他实体，包括在一国法律框架下的混合组织、以信托基金为基础的组织。该课程还为学生组织数次有关国际关系、国际组织和外交事务的课外活动。"国际贸易法和世界贸易组织"课程旨在使学生了解国际贸易和投资的国际规则，将对 WTO 的规则制度进行深入的分析，这将使学生能够评估该制度对特定利益群体或利益相关者的影响，从而能够向这些群体提供有关如何更好地促进其特定利益的建议。"全球公共政策制定"课程则探讨影响全球政策制定的因素、作用、特点和局限，介绍当前全球政策制定面临的挑战，探索最前沿的政策分析工具。

◆ 国际发展硕士课程

国际发展硕士项目以经济可持续发展和政治实践为基点，指导学生进行国际发展方面的创新训练，结合了经济学、公共政策、项目设计、项目管理和评估的多元视角，介绍国际发展中的多元主体、多样工具和方法、培养分析和实践能力。该项目旨在培养新一代的国际发展问题专家，培养学生在公共部门（国家和地区政府、国际组织）内针对公共政策和项目的制定、管理和评估中发挥领导作用。

该硕士项目中与国际组织相关度较高的课程包括"国际发展合作""全球治理：应对碎片化的挑战"以及"教育与国际发展"等。"国际发展合作"课程聚焦于如何评估国际发展合作的政策有效性，了解新兴的国际援助结构以及双边或多边协议。通过课堂辩论，使学生深刻理解发展合作领域公认的价值观和公信力，评估全球治理与减贫的关系。课程将特别聚焦于欧盟的作用及其政策连贯性，同时还会讲述国际发展合作的新挑战和南南合作的新优势。学生还要自主设计一项国际发展项目或援助行动。"全球治理：应对碎片化的挑战"课程探索全球治理中不同领域的问题，如贸易和投资、人权、发展合作、气候变化等，并探究是否可以在这些领域之间搭建桥梁，以求同存异、提高协同。"教育与国际发展"课程探讨当代全球教育政策面临的挑战，研究世界各地的政府、非政府组织和国际组织如何支持教育工作，通过比较分析教育工作如何为地方、国家和全球层面的教育政策改革提供信息支撑。

3. 课程分析与特点归纳

首先在课程结构方面，上述三个硕士项目在课程整体架构上高度相似，均涵盖了五大方面：通修课程、研究方法、实习与课外实践、英语、第二外语。可以看出，巴黎政治学院注重从理论知识、研究方法、实践技能、语言能力等多维度入手，全方位培养国际组织人才。

其次在课程内容方面，巴黎政治学院的国际组织人才培养形成了一个庞大多元的通修课程体系，"国际组织"已不仅仅是单独的一门课程。对以上三个硕士项目共54门课程（部分课程跨越两个类别）进行简单的内容分类（见图3-1），可以归纳出巴黎政治学院国际组织课程的如下五方面特点。

第一，巴黎政治学院的硕士项目课程与SDG紧密相关，围绕消除贫困、良好健康与福祉、优质教育、性别平等、气候变化、伙伴关系等多个SDG核心议题展开细致讨论。第二，巴黎政治学院的课程体现出明显的实践导向、职业导向。除了必要的理论储备，巴黎政治学院同样注重培养学生在现实工作环境中的领导能力、实践能力，开设了聚焦于政策制定与评估、全球领导力、国际组织项目管理、冲突解决、企业社会责任、对外交往实践等多项课程，将理论与实践结合起来。第三，巴黎政治学院的国际组织课程既培养

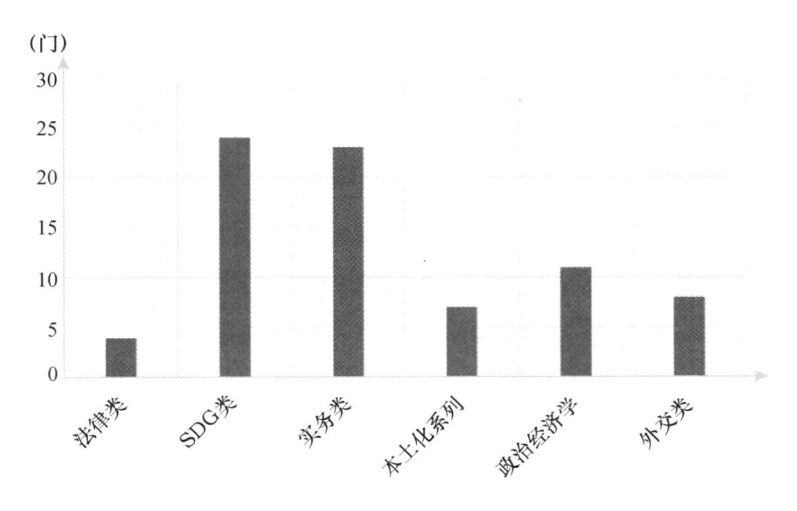

图 3-1 课程内容分类

资料来源：笔者自制。

全球视野，又引导学生关注本土、本区域在全球化问题中的角色，具有"内外结合"的兼容色彩。例如，"全球背景下欧洲的气候变化和能源政策""从政治经济角度探究欧元危机""欧洲劳动市场制度"等课程就聚焦于欧洲本土在全球化过程中出现的问题。第四，巴黎政治学院的国际组织课程拥有跨学科优势，比如基于法律方向开设的"国际组织法""国际贸易法"课程；基于经济学与政治经济学方向开设的"经济与全球化""国际金融管理""国际发展政治经济学"等多门课程，注重学科交叉。第五，在师资队伍方面。除了知名学者，巴黎政治学院的许多课程都是由政界翘楚、商界巨擘以及各行业资深从业者进行讲授，在国际组织领域也是如此。据巴黎政治学院 2015 级 PSIA 校友孙琳回忆，她当时选修了一门名为"Cultural Diversity from UNESCO's Point of View"的课程，这门课程的老师是联合国教育、科学及文化组织（United Nations Educational, Scientific and Cultural Organization, UNESCO）巴黎总部的在职官员，作为客座教授受聘于巴黎政治学院，对 UNESCO 进行了非常具象的介绍，让她加深了对国际组织的印象。而在从巴黎政治学院毕业后，孙琳成功就职于 UNESCO 公共信息部门。"师出政门、兼职为主"是巴黎政治学院教师队伍的一大特色，孙琳评价："巴黎政治学院的很多相关课程都是国际组织的官员授课，这样的师资队伍不仅可以让我们对国际组织的了解更为具体、生动，有时也可以为学生前往国际组织实习、任职提供一条捷径（short-cut）。"①

（四）培养实践项目设置

1. 项目类

（1）可持续发展目标证书项目（The Sustainable Development Goals Certificate）

可持续发展目标证书项目是一个国际合作项目，它为实现联合国可持续发展目标提供一系列创新性训练和国际合作。该项目让学生深耕当地本土，自主设计并实施一个 SDG 项目，与社会中的多元主体进行合作，并最终与全球著名可持续发展学者、官员和领导人展示项目，项目的收获将对学生未来的职业发展产生很大帮助。该项目为期四天，活动形式非常丰富，包括课堂讲授、SDG 创新实验室（SDG Innovative Lab）、学术午餐（Professional Lunch）、田野调查、圆桌对话等。

（2）"可持续发展和气候变化"欧洲教席（European Chair for Sustainable Development and Climate Transition）

该教席具有跨学科特点，旨在通过制定政策与提供咨询，促进

---

① 2019 年中国人民大学成立的国际组织学院也引入了这样的师资团队。在 2020—2021 学年春季学期中，人大国际组织学院开设的《国际发展基本理论与实践》由联合国开发计划署驻阿富汗、印度尼西亚国家局前局长薛玉雪讲授；《走进联合国》由联合国环境规划署特别协调员、国家环保总局国际司前司长王之佳讲授；《国际组织职业发展》由联合国气候变化秘书处执行秘书办公室高级官员陈爱萍讲授，他们都拥有非常权威的国际组织任职经验。

欧洲可持续发展目标和气候中和的发展。教席在巴黎政治学院的活动主要有四种：丰富教学、开发课程；展开人员培训；推进相关领域的研究；进行广泛的对话与交流。"可持续发展和气候变化"欧洲教席聚焦于以下几个主题：促进社会福祉、实现2050年气候中和、推进联合国2030年议程和17个可持续发展目标、促进可持续基础设施合作、适应气候变化和实现环境正义等。

（3）青年和领袖峰会（Youth and Leaders Summit）

该峰会在2016年由国际事务学院发起，是一年一度的高级峰会。峰会邀请国际事务领域的学者、专家、行业领袖与巴黎政治学院学生进行近距离交流，为青年学生提供了一个发声平台。至今，已有60余位全球领袖参与过峰会，如联合国基金会董事会副会长格罗·哈莱姆·布伦特兰（Gro Harlem Brundtland），联合国教育、科学及文化组织前总干事伊琳娜·博科娃（Irina Bokova），欧盟委员会竞争专员玛格丽特·维斯塔格（Margrethe Vestager）等国际组织高级官员。

（4）巴黎和平论坛

巴黎政治学院是巴黎和平论坛的八个创始成员之一，每年会选拔本校约150名学生参加论坛。该论坛会邀请众多国家政要、国际组织领导人、企业家和其他行业领袖共同探讨全球治理方案。论坛主要聚焦于六个领域的全球治理问题：和平与安全、发展、环境、新兴科技、包容性经济、教育与文化。通过这个论坛，巴黎政治学院的学生能够与各国政要、国际组织领导人进行近距离的接触与交流，为学生提供了非常宝贵的机会。

2. 就业支持

巴黎政治学院为学生的专业定位和融合制定了积极的支持政策，提供专业的就业服务帮助，并举办职业论坛、展开种种招聘会与活动。这一专业支持主要由巴黎政治学院就业服务部（Sciences

Po Carrières）提供。

从学生入学一直到毕业后长达两年的时间内，就业服务部一直致力于帮助他们找到自己的道路，建立他们的项目，准备他们的申请并与雇主会面。在学生进入巴黎政治学院学习的第一年，职业服务就将帮助学生确定他们的职业目标，制订职业发展计划。他们在招聘过程的关键阶段提供全面的职业咨询服务和支持，包括个人访谈、小组研讨会以及与专业人士和硕士课程负责人的会议。就业部门周期性举行主题职业周，主要包括：来自7所学校的政治学院毕业生的职业圆桌会议、雇主介绍、实习/工作机会介绍等内容。

就业部门组织的活动的突出特点不仅在于其多样性，还在于其针对性。就职业周这一形式来说，就业服务部为每个职业周都设定了不同的主题，如亚太职业周、城市与地区职业周、欧洲事务职业周、国际组织职业周、非洲职业周等；招聘会与论坛也以此种形式设置了不同的主题，如公民实习论坛、欧洲实习论坛、法律招聘会等。可以看出，职业生涯规划周主要按照地区范围进行划分，为对世界范围内不同地区事务感兴趣的学生提供了针对性的指导，还就不同学科领域以及国际热门议题举办专门的职业活动，满足不同专业、不同兴趣的学生探索国际事务职业生涯的需求。

巴黎政治学院就业指导活动的开展也很好地利用了其丰富的校友资源，实现了良性的循环。巴黎政治学院的许多校友本身即为国际组织的领导人士或招聘官，因此就业部门能够邀请其进行亲身经历的分享与指导，也能通过这一途径为在校学生争取丰富的国际组织实习与工作资源。在国际组织中积累的强大人脉网络为该领域的就业培养形成了向上的良性循环。

（五）成效评估

除了各国政府的高级官员之外，有很多国际组织的首脑，比如联合国教育、科学及文化组织总干事、前联合国秘书长、欧洲议会前主席、世界贸易组织前总干事、欧洲中央银行前行长等毕业于巴黎政治学院。在2019年毕业生就业报告中，共计有16%的毕业生进入了国际组织工作，其中进入非政府间组织的占9%，进入政府间组织的占7%。国际组织就业的学院分布上，国际事务学院（PSIA）占比最高，约有20%；其他几个学院中也有不同占比的分布。在巴黎政治学院国际事务学院近两届毕业生中，有30%的学生在毕业18个月内成功留在国际组织任职。

（六）国际组织人才培养特点与经验

1. 多学科领域进行综合素质培养

无论是以通识教育为基础的本科教育，还是日趋专门化的硕士项目，巴黎政治学院在课程设置上都十分注重跨学科、多样化。国际组织工作的特点之一便是处理事务的多样化、交叉性，强调工作者处理多领域事务的能力，因此其人才偏好更侧重于复合型、学习型人才。巴黎政治学院在课程基础上的多元化让学生得以具备政治学、经济学、历史学、社会学甚至理科方面的基础知识，为其综合素质的提升奠定了良好的基础。

2. 对语言交流能力的重视

语言是国际交流的基础媒介。在每个阶段的具体课程设置中，都可以看到巴黎政治学院为其学生提供了语言课程的选项，让学生能够根据自己的需求进行自我提升。法语能力有限的学生能够在课程学习之前接受到系统的法语培训。法语本身即为国际组织重要的工作语言之一，但因处在法国，巴黎政治学院相对来说更重视英语授课课程的设置，以提升学生的双语能力。在国际事务学院，70%的课程以英语授课。语言交流的无障碍为学生成为合格的国际组织人才奠定了基本的技能基础。

3. 对全球胜任力的重视

国际组织的工作具有较强的开放性、挑战性特点，这使得国际胜任力的要素既包括进行战略决策的领导力，也包括勇于探索的创造力和沟通宣传的影响力。

在学术生活中，学生能最大限度地发掘自己关心与处理不同国家事务的能力。以本科生为例，在教学中多个项目按照地区偏好进行分类，比如亚洲研究、非洲研究等。学生能够根据自己的兴趣选择全球范围内任何专题的研究进行深度的参与，积累专业化的知识储备。这一培养方案使学生的知识与能力结构转型，以有效胜任国际组织工作。在课堂上，巴黎政治学院通过小组课程的方式进行课堂的深化，既培养学生在小组合作中的领导力和执行力，也培养学生在公共场合表达自己、进行辩论的能力；丰富的学术讲座、沙龙也皆在公共场合开展，以鼓励学生与不同的角色进行交流，提升自我的沟通和表达能力。

4. 国际化的学习环境

首先，学院本身的学生群体构成已然有着强烈的国际化特点——大约一半的学生来自法国以外的地区，学生能够轻松接触到来自不同国家与地区、有着不同文化背景、信仰不同宗教的同龄人，这使学院文化环境丰富多元，自然地模拟了国际工作的环境特点，为学生提供了天然的国际化学习场所。

其次，巴黎政治学院为每一个周期内的学习者都提供了充足的国际交流机会，学生可以通过国际双学士项目，前往世界范围内具有顶尖学术实力的高校进行为期一年的交流。在交流中，学生能够在跨国的学习环境中有效提升跨文化交流的能力，并更加深入了解特定地区的发展现状，在实地的亲身感受下拓宽国际视野，积累国际化的学习生活经验。国际化的学习交流经验对国际组织人才的培养产生的积极影响是无形的，但国际视野的拓宽、国际经验的积累对于学生在国际组织职业生涯的发展的影响也是深厚而长远的。

5. 学术与社会实践相结合

在国际组织工作既需要心怀天下的实践情怀，也需要务实笃行的实践态度、专业全面的实践技能。巴黎政治学院的教育设置具有极强的实践性特点。

在本科阶段，学生必修课之一即为公民课程。在为公众服务并与公众接触的过程中，学生得以走出象牙塔，在现实生活中发现问题，提升问题意识、批判意识，增强其改变现实的欲望。在实践课中，学生通过开发自己的个人项目来了解自己的公民身份和社会责任，在推进学生关注教育、就业、环境、正义、健康、和平等社会议题的过程中，学生为社会服务的自主性、参与公共行动的意识能够得到增强，具有高开放度的思维能力和集体工作的能力也得以提升。

硕士阶段的教育对实践的重视程度只增不减。以国际事务学院为例，学生有机会参与特殊团体的政策工作，针对特定的全球议题进行政策分析、提出政策建议、参与政策制定，更加深入地参与政策制定全过程，增强将学术知识与具体实践方案相结合的能力。成功平衡利弊，既考虑眼前也考虑长远的目标，并遵循专业的程序做出战略决策的能力，是国际组织人才所需的战略领导力不可或缺的一部分。

八

莫斯科国立大学

（一）学校介绍

莫斯科国立大学（Moscow State University）是俄罗斯联邦规模

最大、历史最悠久的综合性高等学校，在 2023 年 QS 世界大学排名中莫斯科国立大学位居第 75 名。① 莫斯科国立大学的自然科学、艺术与人文科学、社会科学与管理等学科发展较为突出，并培养了大量人才，先后诞生过索尔仁尼琴、维塔利·金茨堡等 13 位诺贝尔奖得主。苏联前领导人戈尔巴乔夫、罗马尼亚前总统扬·伊利埃斯库、韩国前总统金大中等人也曾在该校就读。

（二）负责国际组织人才培养的机构设置

莫斯科国立大学的世界政治学院（The Faculty of World Politics）是该校国际组织人才培养的主力军，其在国际组织人才培养方面拥有自己的独特优势。世界政治学院开设了五大专业：国家及国际安全、一体化与合作、冲突学、国际信息交换和公共外交、世界政治的区域问题，并下设四个系：国际安全系、国际组织和世界政治进程系、世界政治的区域问题系、外交政策信息支持系。该学院采取跨学科综合方法，培养学生的分析能力以及识别世界政治因果关系的技能，培养了一批在政治学、经济学、法学、哲学、社会学和历史学领域具有广泛知识的人才。与此同时，该学院与诸多国际组织保持联系，并经常邀请相关人员通过讲座、研讨会等形式与学生进行沟通，帮助学生了解外界信息、讨论国际问题。自 2003 年正式成立以来，世界政治学院已经培养了大量毕业生进入欧亚经济联盟（Eurasian Economic Union）等国际组织工作。

（三）培养课程体系设置

1. 本科生课程

莫斯科国立大学本科实行四年制，课程共有三种类型，包括人

---

① Quacquarelli Symonds，"QS World University Rankings 2023：Top Global Universities"，https：//www.topuniversities.com/university-rankings/world-university-rankings/2023.

文社会科学课程、普通专业课程、选修课程，此外还要求学生需在英语、法语、德语、西班牙语、意大利语、汉语、阿拉伯语、日语和印地语中必修两门外语。本科生前两年的课程统一，第三年将在四个培养方向当中选择进行学习，这四个方向分别是：国际安全、国际组织和世界政治进程、世界政治的区域问题、外交政策信息支持。四个方向的学习内容与要求如下。

一是国际安全方向：该方向旨在培养本科生能够获得足够的知识量，以便在政府、科学和教育机构、商业公司、媒体等工作，以及继续在俄罗斯和外国领先的大学攻读硕士学位。课程设置包括"国际关系史""现代国际关系""国际安全基础"等基础课程，以及"战略管理""现代世界政治中的权力因素"等其他致力于研究国际安全理论和应用问题的特殊课程。

二是国际组织和世界政治进程方向：该方向与国际组织人才培养的关系十分紧密，不仅开设了"国际关系理论""国际关系史"等一般课程，还设置了"国际组织和全球治理""当前的全球性问题及解决方法""经济外交"等特色课程。国际组织和世界政治进程教研室与世界银行、联合国开发计划署、乐施会等国际组织以及国外大学保持互动，并经常有教师参与国内、国际会议，相关专业教育培养了学生在国际组织中工作所需的知识和技能。

三是世界政治的区域问题方向：该方向旨在培养既掌握国际关系、区域研究、比较研究的理论方法，也了解特定地区政治发展和社会经济过程的国际事务专家。研究内容包括"区域关系理论与历史""现代化进程中的政治转型问题""区域一体化问题""区域冲突"等。

四是外交政策信息支持方向：该方向旨在培养国际关系信息领域的专家，从事国际关系体系的细节研究，如国际组织和协会的活动、世界政治发展的问题和趋势、国家安全问题和外交政策等。开设课程包括"信息社会""媒体、政治和外交中的跨文化交流""信息对抗与混合战争""外交理论与实践"等。

本科阶段的培养课程体系设置有几个突出特点。首先，重视人文社会科学的教学。除专业课外，世界政治学院要求学生对哲学、经济、法律、历史、语言等人文社会科学进行学习，掌握相关知识。其次，重视语言学习。世界政治学院要求学生在入学之初必修两门外语，同时在分专业方向后继续使用外语学习部分学科内容，对语言学习的重视促进该院培养出了具备突出语言优势、更加符合国际组织要求的人才。再次，专门的国际组织课程培养。在本科学习的第三年，学生可以选择进入"国际组织和世界政治进程教研室"进行学习，该方向设置了"作为'软实力'工具的公共外交""世界经济的全球性问题""全球环境治理"等课程，为学生提供专门的国际组织知识，培养学生的全球性视野。

2. 硕士生课程

莫斯科国立大学硕士实行两年制，课程设置的目的是培养国际关系领域内具有广泛理论及实践知识的高级专家。培养方向与本科相比更为细化，分为七个方向，包括国际安全、经济外交、世界政治中的区域问题、国际战略传播、空间与世界政治、世界政治中的媒体信息领域、欧亚一体化架构中的外交。七个专业方向的学习内容与要求如下。

一是国际安全方向：该方向旨在培养学生学习独立分析安全问题并提出解决方案的能力，并能实际应用。学生在学习人文社会科学课程以及普通专业课程之外，还需要学习"军事政治决定的执行机制""确保经济领域国际安全的理论与实践""政治与战略"等必修课程，以及"和平研究""军备控制"等外语教学课程。毕业生应能够理解国际关系的逻辑，了解其发展前景和对俄罗斯可能带来的影响，了解影响世界宏观区域关系的主要特征和因素，制定外交政策策略；了解使用外交、政治、心理、社会经济等方法调节国际冲突的基础知识；具备对影响核要素的危机情况进行应用分析的理论基础和基本技能；了解军控领域的情况，了解该领域的当前进程；在研究世界政治的各个方面时分析政治和军事战略决策过程；驾驭多边和一体化外交机制；在分析报告、外交文件的准备中使用所学知识。

二是经济外交方向：学生在第一年学习"世界政治经济学""经济外交学"等必修课程，为进一步学习特色课程和独立工作奠定基础。第二年则开设应用课程板块，如"国际经济外交机构""外国经济外交专题"等课程，供学生继续学习。毕业生应能够追踪和了解现代国际关系体系经济特征变化的逻辑和动态，分析当前世界政治和经济相互关联的趋势，了解其发展前景和对俄罗斯联邦可能产生的影响；理解主要国际参与者经济外交的发展和实施，并在实践中运用国际经济机构和进程的知识，来制定建议并做出组织和管理决策；独立监测、分析和预测国际关系各主体使用经济外交工具的新趋势，评估其对俄罗斯联邦国家安全和国家竞争力的影响。

三是世界政治中的区域问题方向：该方向旨在培养对世界政治区域问题有深入了解的国际专家。秉承基础性、相关性、实用性、比较研究这四大原则，课程设置强调对世界政治本质问题的识别、对当前世界重要问题的思考、对世界主要地区政治进程的比较，并以实际就业市场的需求为导向，开设了"全球区域化和一体化进程""现代世界的变迁""区域冲突管理和维持和平""区域政治进程的形势分析和预测"等课程。

四是国际战略传播方向：该方向旨在培养学生咨询领域的技能，分析不同国家在政治、经济和文化领域的互动，确定目标和主要受众，帮助改变国际信念和行为。主要课程设置包括"战略传播的理论与实践""媒体战略和策略""战略文化""国际通信中的数字技术""国际交流项目管理"等。

五是空间与世界政治：该方向旨在培养合格的外层空间探索领域国际合作专家，并提高俄罗斯参与者在太空活动中的技能。开设的主要课程包括"空间活动的国家优先事项""空间政策的国际法律""太空活动的军事政治""国际组织和一体化协会活动中的空间主题"等。毕业生应能够理解太空探索趋势发展的逻辑及其与世界政治、国际安全和世界经济领域进程的相互作用；使用系统方法批判性地分析太空探索的政治方面；专业地评估和预测国际空间安全领域的进程。

六是世界政治中的媒体信息领域方向：该方向旨在培养能够解决世界政治媒体信息领域最广泛的任务，从分析媒体资料、与媒体互动，到创造广泛的能在全球信息空间中维护俄罗斯利益的媒体产品的高素质专家。开设的主要课程包括"世界媒体空间的新闻机构""新闻实践的现代形式"等。

七是欧亚一体化架构中的外交方向：该方向旨在为促进欧亚一体化发展，与独联体国家建立建设性和互利的经济，在政治和人道主义关系领域培养合格的专家。开设的主要课程包括"欧亚组织：团体和机构""后苏联空间的经济一体化：欧亚项目与反欧亚项目之间的竞争""后苏联时期俄罗斯议会和公共外交的理论与实践""俄罗斯参与后苏联空间的军事政治集团"等。

3. 博士生课程

博士实行三年制，分为两个培养方向，分别是"全球和地区发展的国际政治问题"和"国际关系史与外交政策"。博士毕业生应具备学术研究的通用能力和一般专业能力，不同的培养方向还对他们有不同的专业要求。

"全球和地区发展的国际政治问题"方向的毕业生应能够对国

际关系、全球和区域发展等热点问题的原创性研究成果进行有效规划、准备和展示，解决理论和实践上重要的科学问题；能够使用有关现代世界政治进程的本质、决定因素和方向的知识，系统地分析国际关系和全球发展的一般问题；能够结合国际关系体系的转型过程，对世界不同地区政治、经济和社会文化发展的复杂趋势进行跨学科分析。

"国际关系史与外交政策"方向的毕业生应能够就国际关系和外交政策史上的热点问题的原创性研究成果进行有效规划、准备和展示，解决理论和实践上重要的科学问题；能够系统地分析主要外国和俄罗斯在政治、外交、法律、经济、意识形态、文化、军事领域国家和人民之间关系的历史发展趋势和模式；能够批判性地理解国内外主要学派在国际关系理论领域的概念规定。

（四）培养实践项目设置

1. 校内实践

（1）科学学生会

世界政治学院设立了科学学生会，目标是帮助学生逐步参与独立的分析工作，发展提出与捍卫自身观点的能力、团队合作的能力。在每次会议中，参与的学生组成团队，共同分析某个专业问题，如网络安全问题、体育作为国家软实力工具的作用等。不同团队间进行交流与讨论，产生良性竞争，院系教师以及其他机构的专家将会受邀担任评委，对团队表现进行打分。通过这种趣味性的竞赛，学生可以进行更多的专业训练，并可以扮演演讲家、记者等不同角色，这对于他们未来进入国际组织工作提供了一定的锻炼机会。

（2）中东俱乐部

中东俱乐部是一个学生协会，由对中东和北非地区政治感兴趣的学生成立，会邀请相关学者举行讲座、开展主题活动、提供相关文章的发表平台等。通过这一平台学生们可以加强对相关地区的历史、文化、当前趋势的理解。地区性导向明确的学生研究组织能够提供更加深入的视角和知识，对于未来想接触相关国际组织或致力于在地区性国际组织工作的同学来说是一种有效的锻炼路径。

（3）*NON PAPER* 报纸

NON PAPER 是世界政治学院的出版物。该报纸提供了一个可以让学生分析国际政治问题、发表对世界形势看法、预测未来全球发展的平台，能够帮助学生发展批判性思维、表达与创造的能力。此外 *NON PAPER* 还积极与中东、法国俱乐部、德国俱乐部、西班牙俱乐部、意大利俱乐部、莫斯科国立大学模拟联合国等学生协会合作，实施联合项目，这给参与学生提供了一个良好的交流平台，帮助他们对其他国家和地区保持了解，有利于国际组织人才的培养。

（4）会议与论坛等

世界政治学院的一个最重要的工作方向是组织学生和工作人员参加各种国际中心和机构的联合教育科研项目，为此学院定期举办圆桌会议、俱乐部论坛及各种会议，邀请国外专家、学者、教师和学生参加，共同讨论世界重大政治时事。还组织学生与外交官和国际组织的代表会面交流，并邀请著名的外国教授和学者，以母语给世界政治系的本科生和研究生举办讲座、教授实践课程。学院还派遣本系教师进行外地讲学，参加科研工作和国际学术会议，并组织举办国际会议等。

2. 校外实习

世界政治学院向学生提供部分在校学习期间的实习单位选择，如俄罗斯联邦外交部和其他各大部委、领事馆、研究中心和学院、国际组织和新闻社、国内及国外大型公司等。在国际组织的实习方面，该学院的学生在欧亚经济联盟等欧洲地区性国际组织的实习机会较多，进入其他地区组织或全球性国际组织的机会相对较少，整体来看该院系为学生提供的直接进入国际组织工作的机会相对有限。从实际就业情况来看，目前就职于欧洲区域性国际组织的人员或本国非政府间国际组织的人数与其他国际组织相比也更多。呈现这一现象的原因一方面是受莫斯科国立大学本身地理位置的影响；另一方面则是受当前国际组织主要由欧美国家主导建立和运行的影响。

九

马德里自治大学

（一）学校介绍

马德里自治大学（Autonomous University of Madrid）创建于1968年，是西班牙最为著名的大学之一，也是欧洲100所最负盛名的大学之一。在2023年QS世界大学排名中，马德里自治大学跻身世界220所最佳大学之列，该校的法学院较为著名，在西班牙以及全世界的法学院排名中名列前茅。此外，因大学所属医院及其医学院学生的突出研究，该校的医学系也广获好评。

（二）负责国际组织人才培养的机构设置

马德里自治大学的法学院是该校国际组织人才培养的主力军，该学院由三个系组成："私法、社会和经济法系""公法和法律哲学系""政治学和国际关系系"。学院设置了四个本科学位——法学学位、政治学和公共管理学位、法律与政治学和公共管理双学位、法律和工商管理双学位，以及四个硕士学位——法律职业硕士学位、民主与政府硕士学位、国际关系和非洲研究硕士学位、法律研究硕士学位，研究生学习课程以广泛的自有学位和由博士学院管理的官方博士课程组成。其中，法学院的国际关系和非洲研究硕士学位与国际组织人才培养的关系最为紧密。

（三）培养课程体系设置

国际关系和非洲研究硕士学位将国际关系研究与专注于撒哈拉以南非洲地区的研究相结合，希望学生对国际和跨国进程、国际组织的作用、区域一体化进程、安全与和平建设、发展合作、人权、移民等现象有广泛的了解，旨在满足日益增长的对国际和跨国知识的需求，并为外交、国际组织和发展合作领域的未来专业人士提供高质量的培训。目前该硕士学位已成为西班牙最负盛名的研究生课程之一，多年来获得了西班牙教育部的质量提名。

国际关系和非洲研究硕士学位的培养分为两个模块：学术训练与专业培养。其中学术训练包括必修科目、国际关系模块、非洲研究模块以及混合模块，专业培养则包括实习与学位论文。学术训练部分的课程设置如下：

必修科目包括："区域研究的观点与争论"等课程；国际关系模块——"人力资源理论""人力资源史""国际思维""国际关系的当前问题"等课程；

非洲研究模块包括："国际体系中的非洲""撒哈拉以南的政治和权力""黑非洲权力史""全球化、非洲区域一体化和发展合作""侨民、多元文化主义和黑人女权主义""撒哈拉以南的非洲当前的问题"等课程；

混合模块包括："国际制度：标准、个人和非政府组织""世界经济""欧洲联盟""拉丁美洲的国际关系"等课程。

(四) 培养实践项目设置

1. 国际关系与非洲研究硕士的实习模块

除专业课程的学习外,国际关系与非洲研究硕士学位还要求学生获得 6 学分的实习,包括两种类型:人权研究、宣传、动员和交流研讨会,以及在外部机构进行实习。

(1) 人权研究、宣传、动员和交流研讨会:为期 20 个小时,由来自非政府组织、国际组织、政府和私人机构的专业人士授课,致力于国际政治,并处理应用研究、宣传、运动和社会动员。

(2) 在外部机构进行实习:为期 270 小时的无薪实习,旨在使学生能够更好地了解工作环境,从这些机构的专业人员身上获取经验,并提高技能和能力,如团队合作,人际关系的发展,观察、倾听、口头和书面表达的能力,综合和分析,程序、行动或活动的设计,搜索信息或联系人等。

为此,学校与各种政府间组织、公共行政部门(外交部、西班牙国际合作署)、研究中心、媒体和非政府组织建立了联系网络,并签署合作协议。目前学院已与 30 多个机构达成协议,如联合国难民署、绿色和平组织、西班牙国际发展合作署、乐施会、非洲之家、无国界医生组织、反对死刑国际委员会等,[①] 学生可在通过选拔后进行实习,也可以自己寻找实习机会。

2. 模拟法庭

法学院提供了学生参加国家和国际模拟法庭比赛的机会,如 PaxMoot 竞赛、Philip C. Jessup 国际法模拟法庭竞赛、欧洲法模拟法庭等。这些竞赛一方面可以为学生提供法律培训的明确补充,另一

[①] Autonomous University of Madrid, "Tramo de Especialización: Módulo de Prácticum", https://www.uam.es/ss/Satellite/Derecho/es/1242660251177/contenidoFinal/Modulo_de_Practicum.htm.

方面可以让学生获得一套对他们未来职业生涯有用的横向技能和能力，如写作、法律论证、修辞、语言练习、时间管理或团队合作等。在模拟法庭上，学生把学到的法律知识付诸实践，并以与专业人士相同的方式向法院陈述案件。

其中，PaxMoot 竞赛是一个专门研究国际私法的竞赛。Philip C. Jessup 国际法模拟法庭竞赛是世界上规模最大、最负盛名的模拟法庭竞赛，赛程包括模拟两个国家在联合国主要司法机关国际法院（ICJ）进行的模拟审判。两项竞赛的目的是提高分析、研究、撰写主张和提案的能力，以及用英语进行法律论证和修辞的能力。欧洲法模拟法庭是欧盟法律领域最负盛名的国际竞赛，目标是促进参与其中的学生的理论和实践培训，提高他们在起草程序性文件方面的技能、法律辩论能力、使用英语和法语进行演讲的能力。这些模拟法庭竞赛对于那些想要在国际组织工作的法学院学生来说非常有意义。

十

萨拉曼卡大学

（一）学校介绍

萨拉曼卡大学（University of Salamanca）是西班牙最古老的公立大学，始建于13世纪，也是欧洲四大名校之一。作为欧洲人文学科的研究重镇，萨拉曼卡大学的语言学、经济学和法学十分突出，同时也有许多著名的自然科学研究机构，如癌症研究中心、神经科学研究中心等。在2023年QS世界大学排名中，萨拉曼卡大学排名第644位。

第三章 欧洲高校国际组织人才培养介绍

(二) 负责国际组织人才培养的机构设置

萨拉曼卡大学的法学院是西班牙最好的学院之一,[①] 也是该校培养国际组织人才的主力军。该学院开设了全球研究、犯罪学、政治学与公共行政等6个本科学位,法律和公共政策的经济分析、政治学、国际发展合作、欧盟研究等12个硕士学位,法治与全球治理、跨学科性别研究和平等政策等4个博士学位。其中,全球研究学士学位、政治学硕士学位、欧盟研究硕士学位、国际发展合作硕士学位的教学培养与国际组织联系最为紧密。

(三) 培养课程体系设置

1. 全球研究学士学位

全球研究学士学位的学制为三年,[②] 全英文授课,课程分为五大支柱:国际政治、经济、社会、国际法和国际关系。具体课程安排不仅包括"政治学""国际关系史""国际政治经济学"等基本课程,还包括"国际组织""欧盟""全球社会"等与国际组织人才培养直接相关的课程。

课程的教学目标是让学生能够深入了解塑造国家间关系的过程,以及民族、宗教、种族和性别在不同的区域环境中发挥的作用;使学生掌握基本的知识,在分析全球不同的问题时能够留意到不同学科之间的差异和相似之处;提高学生收集信息、批判性思考以及提出倡议和解决问题的能力;促进学生对法律和民主价值观的尊重,以及对基本权利、男女平等以及机会平等的尊重。

教授课程旨在为学生提供多学科和全面的学术培训,分析和理

[①] Facultad de Derecho, https://derecho.usal.es/.
[②] University of Salamanca, "El Grado en Estudios Globales", https://www.usal.es/grado-en-estudios-globales-global-studies/presentacion.

解国家、政府和社会面对的多层次的不同现象和挑战，如日益加剧的不平等问题、民主危机、全球变暖、自然资源枯竭、移民危机、暴力和政治冲突等。

为了加强对学生的培养，除了在校课程学习外，学生将会有在欧洲的另一所大学进行为期一个学期的学习机会。一方面可以使他们收获国外学习的经验，另一方面则可以扩展他们未来的就业机会，如国际组织、政府机构、研究中心、非政府组织或跨国公司等。此外，教学计划中还包括在不同性质的机构中进行多样的课外自主实习。如西班牙国际开发合作署、美洲开发银行、拉丁美洲开发银行、伊比利亚—美洲总秘书处、伊比利亚—美洲国家组织、世界旅游组织等。

2. 政治学硕士学位

政治学硕士学位的学制为1年，该方案旨在培训能够以批判和致力于民主价值观的方式开展工作的专业人员，并分享政治是一项旨在为共同利益而战的活动的概念，毕业生可以进入大学、研究中心、智库等知识产生和传播中心，行政和公共管理机构，政党、工会、咨询、舆论公司、第三部门等非政府组织，联合国、欧盟等国际组织工作。

教授课程包括"政治学方法论""全球化世界中的安全与国际合作""欧洲的多层次治理与民主"等，此外学院还组织"职业出路"研讨会，由在学院以外的不同工作领域工作的政治科学专家举办，如基金会、非政府组织、国际机构、咨询公司等，帮助学生进行进一步的学习与职业探索。

3. 欧盟研究硕士学位

欧盟研究硕士学位的学制为1年，完成该硕士学位有助于学生进入国际组织、外交、咨询、法律等领域工作，尤其是对进入欧盟工作有较大帮助。教授课程包括"欧盟法律的形成和适用""欧盟的政策""欧盟的对外行动""欧洲联盟的人权和公民权""欧盟的经济""欧盟内部市场"等。

4. 国际发展合作硕士学位

国际发展合作硕士学位的学制为1年，由萨拉曼卡大学、布尔戈斯大学等4所学校联合开设，旨在培养促进国际合作发展方面的专家，使他们能够在分析相关国际合作发展项目所处的社会、经济和政治环境，考虑不同的政策、结构和行动方式，设计、管理和评价国际发展合作的不同项目和手段。教授的课程包括"官方发展合作""非政府合作""非政府组织的管理与组织""非政府组织的法规和财政监管"等。

除了可以选择一些专业课程外，学生还可以进入西班牙红十字会等非政府组织，以及地方公共行政部门实习。最终毕业生可以在国际组织、区域和地方各级的公共机构、非政府组织等领域工作。

（四）培养实践项目设置

1. "职业路径"研讨会

法学院举行"职业路径"研讨会，邀请学院外的不同工作领域工作的政治科学专家，如基金会、非政府组织、国际机构、咨询公司等的工作人员，请他们与学生进行面对面的沟通，帮助学生进行进一步的学习与职业探索，这为对进入国际组织工作感兴趣的学生提供了一手的了解机会。

2. 外部实习

萨拉曼卡大学设置了专门的就业网站，网站为学生提供了众多实习和工作机会，并为学生提供就业指导，如"欧盟机构职位空缺和培训公告"等。此外，法学院还对学生进行外部实习提出学分要求，同时也为他们提供了进入国际组织实习的机会，例如西班牙国际开发合作署、美洲开发银行、拉丁美洲开发银行、伊比利亚—美洲总秘书处、伊比利亚—美洲国家组织、世界旅游组织、西班牙红十字会等。学生进入这些组织进行工作，将锻炼他们的实际工作能力，培养未来他们进入国际组织工作的所需技能。

第四章

亚洲高校国际组织人才培养介绍

一

东京大学

（一）学校介绍

东京大学（The University of Tokyo）创办于1877年，是日本第一所国立综合性大学，设有10个本科生院、15个研究生院、11个附属研究所、14个大学研究中心和3个特别研究所。东京大学综合实力稳居日本国内第一位，在理学、医学、文学、工学、政治学等领域拥有世界级的学术影响力，在土木、建筑学领域更是居于尖端队列，在2023年QS世界大学排名中东京大学位居第23名。东京大学培养了大量人才，前后诞生过川端康成、真锅淑郎等众多诺贝尔奖得主，鸠山由纪夫等许多著名日本政界人士也均曾在此就读。

（二）负责国际组织人才培养的机构设置

东京大学的公共政策研究生院是该校负责国际组织人才培养的主力军，由东京大学法律与政治研究生院和经济研究生院共同设立。公共政策研究生院旨在有效应对现代挑战和日益复杂的日本社会结构，培养广泛参与公共政策的政策专业人才，解决当前国家、区域和全球的焦点问题。

公共政策研究生院设立硕士、博士项目，开设课程包括四类：基础课程、专题课程、实践培训和案例研究。基础课程旨在为学生提供法律、政治学和经济学三个学科的知识和分析技能，作为任何公共政策专业的基础；专题课程包括与不同政策范畴有关的课程，学院鼓励学生合理选择课程，以适应他们未来的职业道路；实践培训课程考虑实际应用，旨在确保学生学习实践经验；案例研究则是使用基于实际例子的案例分析技术教授的课程，目标是通过实例和知识的应用，努力提高学生们的政策分析技能。

（三）培养课程体系设置

1. 硕士生课程

公共政策研究生院的硕士学习期限为两年，根据不同的政策领域学习五门课程："法律政策课程""公共管理课程""国际公共政策课程""经济政策课程"和"国际计划课程"。每门课程的目的是培养在各自专业领域制定世界级政策所需的专业技能，最终毕业生将被授予公共政策专业硕士学位。

（1）法律政策课程：该课程旨在帮助学生了解各个行政领域的法律制度，获得起草法律法规所需的立法技能，并通过具体的案例研究提高他们在行政领域做出平衡的法律决策的能力。

（2）公共管理课程：该课程的目的是引导学生主要从政治学和公共管理的角度分析和制定与公共政策有关的问题，并培养学生获得组织和政策管理所需的知识和业务管理技能。

（3）国际公共政策课程：该课程旨在为学生提供应对外交和发展援助等国际政策问题所需的知识，谈判和规划技能，以及必要的沟通方法，从而获得应对国际公共政策的能力。

（4）经济政策课程：该课程的目的是培养学生获得知识和能力，并主要从经济学的角度分析和评估公共政策。课程的三大支柱是：通过实际应用的实例，教授微观经济学和宏观经济学的理论基础；培养学生掌握定量评估所需的计量经济学和成本效益分析工具的能力；通过个案研究，培养学生在政策制定实践中使用经济分析的能力。

（5）国际计划课程：该课程致力于培养全球视野的专业人士。学生必须参加以英语授课的课程，此外注册双学位课程的选择为学生提供了在东京大学和其他世界级研究生院攻读学位的机会。通过世界银行集团、亚洲开发银行和国际货币基金组织提供的奖学金机会，来自国外的学生，特别是来自亚洲地区的学生可以获得财政支持。

2. 博士生课程

公共政策研究生院的博士学习期限为三年，设置三大研究领域：国际金融与发展、国际安全、科学与技术。所有课程均为英文教学，毕业生将被授予公共政策哲学博士。该项目旨在培养一批不仅在其特定领域（经济学、法学和政治学）具有先进的专业研究技能，还具有跨学科技能和国际应用的实践技能的专业人才。

（1）国际金融与发展：该领域以日本等亚洲国家的经济发展经验为基础，以法律、政治学、经济学等学科为基础，研究与金融、财政政策、贸易、发展政策的设计和实施相关的公共政策，以及支撑这些政策的系统框架。

（2）国际安全：该领域涉及基于法律、政治和经济学科的安全挑战的公共政策研究。

（3）科学与技术：该领域通过与自然科学系合作覆盖能源、医疗、空间、海洋等政策领域，同时仍然以经济学、政治学和法学为基础，培养具有跨学科和实际国际能力的高水平科学和技术政策博士生。

3. 具体课程设置

公共政策研究生院开设了部分与国际组织相关的课程，如"国际组织与法律""国际行政理论""21世纪的国际组织可持续发展""世界银行集团的发展业务""教科文组织与遗产""亚洲国际实地讲习班""美国国际现场研讨会"等。

（1）国际组织与法律：通过阐明国际条约制度（包括国际组织）的结构和实际运作方式，以学生的研究为重点，揭示当代国际法现实的一角。

（2）国际行政理论：国际行政是一种组织管理，旨在解决与跨越国界的相互依存有关的各种问题，不仅包括多边国际组织的活动，还包括双边等协调活动和非政府组织等活动。本课程从组织理论、管理理论、活动理论的角度，对国际行政现象进行行政分析，并列举了国际安全保障、国际援助、国际规制协调等事例。

（3）21世纪的国际组织可持续发展：该课程旨在让学生了解21世纪国际组织工作的具体特点和挑战。课程将首先深入分析国际组织的结构和功能，了解它们如何为全球可持续发展做出贡献，之后学生们将从几个国际组织邀请的专家的第一手经验中学习。在课程的后半部分，学生将练习分析复杂的可持续发展挑战，并能够为一个国际组织拟订一项行动计划提案，如果他们想在将来进入该组织工作的话。

（4）世界银行集团的发展业务：本课程的目的是更好地了解世界银行集团如何为发展中国家开展业务。它将帮助学生制定政策、计划和项目，以加速国家应对环境和社会挑战的发展。

（5）教科文组织与遗产：本课程将总结从第二次世界大战到目前，文化遗产保护在教科文组织活动的历史中是如何定位和发展的，并在此基础上研究教科文组织的未来前景。课程将详细讨论教科文组织与世界文化遗产政策之间的关系，同时检查原始文本（英文）中的国际条约文本及其操作指南。

（6）亚洲国际实地讲习班：本课程以与亚洲政府机构、国际组织、商业实体、非营利组织和研究机构的官员、管理人员和专家进行一系列讨论的形式组织。学生们须就既定的主题编写一份提案，以便与他们选择的目标组织的人员讨论公共政策问题，并在讨论环节领导和主持会议，最终每个学生须提交一份报告。导师会根据学生的建议决定参加的机构，曾接触的国际组织包括亚洲基础设施投资银行、联合国开发计划署驻华代表处、世界银行印度尼西亚办事处、亚洲开发银行、世界卫生组织西太平洋区域办事处等。

（7）美国国际现场研讨会：本课程为学生提供了与美国政府机构、国际组织、商业实体、研究机构等的官员、管理人员和专家讨论当前公共政策问题的机会。曾接触的国际组织包括美洲开发银行、国际货币基金组织、世界银行集团、联合国开发计划署、教科文组织驻联合国联络处、联合国妇女署等。

（四）培养实践项目设置

1. 全球领导力教育项目

该项目是东京大学于2014年4月推出的一个创新的、跨学科的四年制本科项目，旨在为学生提供必要的全球能力和技能，使他们在全球舞台上有效地发挥有创造力、知识渊博、负责任的参与者和变革者的作用。该项目希望实现以下目标：增强学生的外语交流和学术技能；加深学生对广泛的关键区域和全球问题的背景理解；增强学生的跨文化意识和能力；通过基于问题的互动研讨会和独立研究项目，培养学生在解决现实世界问题上的创新思维、实践能力和团队合作能力。该项目有利于培养学生未来成为国际组织人才的必要能力。

2. 全球领导力捐赠课程

该课程实施连续公开的研讨会，重点关注在国际组织和国际非政府组织工作的从业人员，听取他们的经验，并思考在全球开展工作的现实和意义。同时会举行每年一到两次的特别演讲，邀请国际社会著名人士举办大规模的公开演讲或座谈会，拓宽学生的国际视野，有利于未来国际组织人才的培养。

3. 东京大学委员会

东京大学委员会建立于1948年，创立者认为青年人是创造未来的主体和最大的财富资产，因此在全球开展业务，为青年学生提供海外实习机会，培养青年人的领导力。设立于东京大学的分机构也积极为东大学生提供海外实习的机会，为他们提供解决全球社会问题的实践场所，创造多元化和包容的交流环境。提交申请并通过委员会考核的学生将有机会进入国际非政府组织或者国外公司实习。

4. 国际组织实习

东京大学留学项目中设置了国际组织实习生的浏览链接，相关信息来自外交部国际组织人力资源中心，实习时间为6周至1年，需要学生自费或者有来自国际组织的部分津贴等。

二

庆应义塾大学

（一）学校介绍

庆应义塾大学（Keio University）由日本著名思想家福泽谕吉在1858年创建，是日本历史最悠久的私立综合性高等教育机构，与早稻田大学并称为日本的"私立双雄"，享有崇高声誉。庆应义塾大学下设 10 个本科生院、14 个研究生院、10 所一贯制学校（小学、初中、高中），在 2023 年 QS 世界大学排名中该校位居第 197 名。小泉纯一郎、桥本龙太郎等多位著名日本政界人士均曾在此就读。

（二）负责国际组织人才培养的机构设置

庆应义塾大学有三个学院与国际组织人才培养有着密切的联系：法学部（本科）和法学研究生院、政策管理学部（本科）和媒体与治理研究生院。

法学部分为两个系：法学系与政治学系。前者专门研究法理学，后者专门研究政治学。政治学系培养了许多国会议员、地方议员、外交官、中央和地方政府官员以及国际组织官员。

政策管理学部旨在培养能够在 21 世纪发现世界问题、解决问题、引领社会的"问题解决型人才"。媒体与治理研究生院的使命是利用尖端技术，从多方面和跨学科的角度探讨人类和社会的现状，允许学生涉猎广泛的领域，包括政策、治理、社会创新、环境、信息通信技术、设计、体育技能和生物科学。

（三）培养课程体系设置

1. 政治学系

政治学系开设了五个专业：政治思想、政治与社会、日本政治、区域研究与比较政治、国际政治。学生本科一、二年级学习政治学基础知识，一旦他们找到感兴趣的领域，就会在三、四年级学习所选择的专业。

在专业课程方面，与国际组织相关的课程包括日本外交史、西洋外交史、国际组织通论等。在选修课程方面，与国际组织胜任力相关的课程主要包括外语和其他课程。

（1）外语：学生需要在英语、德语、法语、中文、韩语、西班牙语、俄语、阿拉伯语等语种中，选择适合自身需要的语言和课程级别进行学习，这将为他们进入国际组织中工作打下语言基础。

（2）其他课程：对法学、社会学、经济学原理、经济政策学、金融学、自然科学的学习可以帮助学生在不同类型的国际组织中任职打下基础，同时对统计学、信息处理等课程的学习也满足国际组织对信息管理类人才的需求。

2. 政策管理学部

当今世界面临着太多单一学科无法解决的问题，如环境、能源、战争、种族、宗教冲突等，政策管理学部旨在培养能够在21世纪发现世界问题、解决问题、引领社会的"问题解决型人才"。学生可以在政策管理学部体验从政策制定到经验实验、结果评估的一系列政策过程，同时利用新的信息网络致力于解决问题。政策管理学部组织以学习小组为中心的课程，让学生能够主动发现、分析和解决问题，大致设置了政策设计、社会创新、国际战略、工商管理、可持续治理五个研究领域，以及跨学科的教育和研究。

（1）政策设计：包括经济学与公共财政，公共政策制定与社会，法律与制度等项目。

（2）社会创新：包括社会企业家，社会风险管理，构建信息社会等项目。

（3）国际战略：包括国际政治经济学，区域战略，人的安全，语言、文化和沟通等项目。国际战略的研究基于全球、区域和国家层面的治理理念，关注国家和国际治理主体，如组织、公司、非政府组织、国家和个人。

（4）工商管理：包括商业和管理战略，金融工程和估值，职业发展等项目。

（5）可持续治理：包括环境政策，城市和地方政策，住房和社区政策等项目。

此外，政策管理学部鼓励学生在校外学习和进行实地研究。实习使学生能够通过校外的实践经验探索他们的研究主题，确定自己的职业优先事项。实习生课程包括"商业实习生""公营机构实习生""社会企业实习生"等，学生可以由此参与到国际组织中进行工作体验。

3. 媒体与治理研究生院

媒体与治理研究生院硕士课程的主要目标是培养具有专业知识和实践技能的专业人员，以发现和解决问题，满足社会的需要。硕士研究生的日常研究活动是他们的学术项目。通过参与学术项目，学生不仅可以参加传统形式的讲座，还可以从事实践研究和实地考察，参与实习，促进社会实施。博士课程的目标是培养研究人员、教育工作者和其他具有先进专业知识、准确推理能力和丰富独创性的专家，围绕研究和论文指导建立。

媒体与治理研究生院提供了八个项目供学生选择，让他们能够使用新的方法，激发专业研究，并获得专业知识，包括"全球治理和区域战略项目""人的安全和通信项目""政策制定和社会创新项目""认知、感知和生物物理技能项目""环境设计与治理项目""X—设计项目""网络信息学项目"，以及"系统生物学项目"。现将其中与国际组织人才培养相关的项目介绍如下。

第一，全球治理和区域战略：该项目的目标是进一步加深对全球冲突与合作原因的理解，并通过全球、区域、国家和社会各级的治理寻求解决办法。这涉及到国际组织、民族国家、私营部门和个人的政策实践的多方利益攸关方的相互作用。经过学习，毕业学生可以进入政治/私营研究机构、媒体和教育机构，或进入国际组织成为一名国际公务员。

第二，人的安全和通信：该项目的目标是学习在共存和文化交流的动态背景下处理各种政策问题，同时审查如何在个人和社区两级促进和保护人的安全。毕业生的职业选择包括国际组织、发展咨询、地方区域政府、私营智囊团、一般公司、新闻、印刷/视听媒体和教育等。

第三，政策制定和社会创新：该项目主要培养勇于面对社会和组织中的问题，生成解决方案，并成为社会领导者的专业人士。毕业生的就业机会十分多样，从国际组织、发展咨询公司、国家公务员、地方政府和私人智库，到风险投资、投资咨询小组、银行设施、记者、教育界、人力资源开发企业、职业支持企业和企业家，都有相关可能性。

（四）培养实践项目设置

1. 留学展

庆应义塾大学每年都会由国际中心举办一次"留学展"，设有各国大使馆、留学安置机构等校外机构、校内国际交流中心（学生部国际交流支援团）、各学院指导老师的咨询展台。

作为留学展的对接项目，国际中心还举办了"全球职业论坛"，其中第二部分为《外交部职业指导——联合国工作方式说明会》，外交部国际人事中心负责人对联合国等国际组织的概要、招募方法、JPO派遣制度、学生胜任力（具体应该怎么做、现在应该怎么做）等进行说明。留学展还会邀请国际组织就业的校友做讲座，例如第七届"全球职业论坛"中，被派往联合国难民事务高级专员公署（United Nations High Commissioner for Refugees，UNHCR）的石原智子，就出国留学以及随后在UNHCR的职业发展做了讲座，分享了留学、工作经验。这次指导面向有志于未来在国际组织就业的同学，使同学们对国际组织产生了浓厚的兴趣。

2. 职业发展计划办公室答疑咨询

职业发展计划办公室提供有关求职和职业道路的各种咨询,每年在庆应义塾大学举行大约 140 次职业信息会议,这些会议包括:关于求职基础知识的研讨会,如何写简历,面试,与毕业生的咨询,与公司提供工作机会的四年级学生的圆桌讨论,公务员候选人的会议,经济学家关于他们行业的演讲,以及涵盖广泛主题的许多活动。还包括国际组织求职相关内容——招聘信息、实习信息、宣传册、校友信息等。这为对进入国际组织工作感兴趣的学生提供了机会。

三

首尔大学

(一) 学校介绍

首尔大学(Seoul National University),是韩国一所国立综合性大学,位于韩国首都首尔,拥有人文大学院、社会科学大学院、自然科学大学院、护理大学院、管理大学院、普通研究生院及专门研究生院学制的韩国代表性研究中心。该校是环太平洋大学联盟、亚洲大学联盟、东亚四大学论坛和东亚研究型大学协会成员,2022 年《泰晤士高等教育》(*Times Higher Education*)大学排名亚洲第 8 位、世界第 56 位。联合国前秘书长潘基文及多位韩国总统均毕业于首尔大学。

(二) 负责国际组织人才培养的机构设置

1. 社会科学大学院

社会科学大学院致力于发展和提供各种课程,培养学生在全球舞台上积极表现。该学院通过开展全球志愿者活动，了解和支持发展中国家。学院将全球研究和社区服务结合起来，让学生参与定期的全球社区课程，并利用额外的时间直接到实地体验。此外，学院鼓励学生积极参与各种国际交流项目和学术会议，包括研究生的出版物和出席国际会议等。

2. 政治外交学部

首尔大学为了适应急剧变化的全球时代，培养主导世界政治的人才，将之前分设的政治学科和外交学科合并，创立了政治外交学部，是韩国政治学相关学科中最大的教育机构。政治外交学部大致分为政治学、外交学两种。本科生入学后将进行为期两年的学习，之后在三年级在两个细分专业中选择一个专业学习。

（三）负责国际组织人才培养的课程体系设置

1. 政治学专业

为了培养全球人才，政治学专业开设了"比较政治论""西方政治思想""日本政治论""欧洲政治论""朝鲜政治与社会""中国政治论""美国政治论"等多国课程的教学，其中"中国政治论"是重要课程之一，内容是中国的近代政治史。在该课程中，学生们学习中国革命的起源、过程以及它对中国社会产生的影响。"美国政治论"的重点是理解美国民主主义的性质和构成/运作原理，全面学习美国的政治制度、政治过程、行为者/政治势力及主要焦点/政策。

2. 外交学专业

该专业课程包括"国际政治学概论""韩国外交史""中国外交政策论""世界地区研究概论""美国与国际关系""韩半岛与国际政治""外交政策论""韩国政治·外交思想"等。学生学习世界各国的知识，重点学习外交的变迁过程、军事和安保方面。

（四）负责国际组织人才培养的实践项目设置

政治外交学部自治会，是首尔大学培养学生国际人才的学生组织平台。该自治会是政治学科和外交学科的统合自治活动，学生们通过该自治会活跃在各个国际舞台，包含以下四个方面的活动。

（1）模拟联合国：以外交学专业为中心的自治活动，主要处理国际焦点问题的会议。

（2）亚洲未来政治人协会（Asian Future Political Leaders Association，简称 AFPLA）：该论坛成员由首尔大学政治外交系、北京大学政府管理学院、复旦大学国际关系学院、东京大学法学部第3类（政治路线）、台湾大学政治学界5所学校政治学相关专业本科生组成。学生们在论坛上就各国的外交安全、政治经济、社会文化以及能源环境等展开讨论。

（3）全球领导计划：起始于2015年，是由校友会基金出资运营的考察——特讲联系课程。在二年级时开设"世界政治现场"（开设政治专业）、"国际政治向导"（开设外交专业）课程，考察亚洲、欧洲等各大洲的国家。三年级开设的"全球领导力练习"课程是教授—学生密切型的本科研讨会，人数10人左右，由教授和学生就特定主题进行特别讲座及学期末论文撰写组成。

（4）国际交流研讨会：是首尔大学政治外交系和日本一桥大学法学系本科生之间每年就国际政治悬案进行讨论的论坛。1997年首尔大学政治外交系和一桥大学法学部之间成立年度研讨会，从2002年开始以现在的名字运营。每年轮流在韩国和日本举行研讨会，由英语法制及陈述组成。国际交流研讨会是谋求学术成就和两国友谊的大活动之一。此外，通过韩国和日本两国学生之间的交流和研讨会，可以提供多样、广泛的视角，这具有重要意义。

四

高丽大学

(一) 学校介绍

高丽大学(Korea University)是韩国最顶尖的三大高校之一,是韩国 BK21 plus(即 Brain Korea 21 计划第三期)成员。高丽大学致力于提高学生国际化水平,培养学生国际化视野,打造国际化人才。该校对自身的定位是"为人类未来而努力奋斗的高丽大学",提出磨炼学生意志,帮助学生德智体美劳全面发展,培育学生创新型学术探究能力及专业实践能力,为国际社会培养具有开放型领导力的人才。

(二) 负责国际组织人才培养的机构设置

高丽大学国际组织人才培养体系可分为三种:第一,全球领导力中心;第二,国际研究与国际问题研究生院;第三,社会服务团。其中,知识基础与语言能力培养主要由国际研究学院负责,全球领导力中心以及志愿服务社团则聚焦于提供体验国际事务的机会与平台。总的来说,尽管各组织之间职能不同,项目内容各有侧重,但都与联合国 SDG 目标紧密联系,且与各个国际组织有稳定、紧密的合作关系。此外,无论是理论学习还是实践活动,都强调学生全球视野、公民关怀、实践能力等素质要求。

1. 全球领导力中心

在学校组织中,全球领导力中心属于学校管理部门,隶属于国际事务办公室。该中心的目标是培养富有激情、敢于挑战、具有创造力与责任意识的融合型全球领导者。全球领导力中心在中国、拉丁美洲、日本设有"KU-Global Leadership"计划，旨在培养区域研究专家。

2. 高丽大学国际研究与国际问题研究生院

高丽大学国际研究与国际问题研究生院属于教学院系。该院主要由四部分组成：本科生院（KUDIS）、研究生院（GSIS）、全球研究所（GRI）、职业发展中心。

3. 高丽大学社会服务团（KUSSO）

高丽大学社会服务团旨在培养社区内、韩国社会、国际社会领导型人才。社团创建于2008年，坚持开展社会服务活动，将校园与社区联结在一起，为高丽大学学生提供创造性社会服务机会，提高学生实践能力。

(三) 负责国际组织人才培养的课程体系设置

国际研究与国际问题本科生院（KUDIS）课程体系如下。

1. 课程设计

KUDIS采用全英文授课的模式，学生在完成5门必修课（"国际贸易原则""经济学概论""国际关系原则""政治学概论"和"全球化及超越：文化、社会、经济和政治"）后，可自由选择"国际商务""国际发展与合作""国际和平与安全""地区研究"或"韩国研究"五个方向进行专攻学习。

前四个方向的课表如表4-1所示，"韩国研究"方向在2022年春季学期启动了新的培养计划，新成立全球韩国研究所（DGKS），侧重于深入了解韩国，在国际贸易和商业、国际合作、文化文明社会三个核心领域探索韩国与国际的联系发展，塑造韩国在全球的未来走向。

表 4-1　　KUDIS 五个研究方向课程

专业方向	年级	课程				
国际商务	二年级	研究方法	全球化世界中的韩国经济	国际贸易政策的理论与实践	技术、信息和社会	国际组织
		金融市场和机构简介	了解全球业务	全球商业伦理	国际发展动态	
	三年级	国际金融：理论与实践	国际经济合作	韩国贸易政策	全球化世界中的经济发展	东亚经济体
		国际政治经济学	国际金融专题	国际经济制度与政策	国际金融市场和机构	全球贫困
		美国经济	发展中国家的经济地理			
	四年级	国际商务专题二	欧洲经济学	可持续发展问题	全球化与全球问题研讨会	
国际发展与合作	二年级	研究方法	国际发展概论	国际组织	国际法	国际发展动态
		战争与和平	技术、信息和社会			
	三年级	非政府组织和全球治理	全球化世界中的经济发展	发展中国家的经济地理	国际经济法	韩国与国际法
		国际经济制度与政策	全球化世界中的经济发展	发展中国家的经济地理	国际经济合作	国际政治经济学
		战后日本和东亚				
	四年级	国际发展专题二	环境与国际关系	可持续发展问题	发展合作的当代问题	北美国际关系
		全球化与全球问题研讨会	东亚研究专题一	东亚研究专题二	资源与全球发展	欧盟国际关系
		东亚国际关系				

续表

专业方向	年级	课程				
国际和平与安全	二年级	国际组织	当代北美	国际法	国际谈判	
		当代东亚	当代欧洲	韩国外交座谈会		
	三年级	外交史	国际政治经济学	国际关系专题一	北美国际关系	东亚国际关系
		国际专题二	全球化世界中的人权			
	四年级	韩美关系	欧盟国际关系	能源与国际关系	国际争端解决	环境与国际关系
地区研究	二年级	当代北美	当代东亚	当代欧洲	当代韩国	韩国外交座谈会
		了解东亚文明	重新思考韩国文化			
	三年级	东亚经济体	美国经济	发展中国家的经济地理	战后日本和东亚	北美国际关系
		东亚国际关系	南北关系	韩国学专题		
	四年级	东亚研究专题一	东亚研究专题二	全球化与全球问题研讨会	欧盟国际关系	韩美关系

资料来源：笔者整理。

2. 学位设置

KUDIS的学生通常都会选择修读双学位。KUDIS鼓励学生修读双学位，院系为学生修读双学位提供了灵活多样的选择，比如将国际研究作为第一专业，将工商管理、媒体研究、食品资源等学科作为第二专业。只需要修满规定的学分，学生就能取得双学位学士证书。此外，选择修读双学位的学生，专业课学分要求会低于普通学生。

此外，为了鼓励学生坚持进行国际事务研究，本科生院与研究生院联合开展了"3＋2"计划，即修读三年国际事务本科课程及两年研究生课程，为学生修读国际研究专业提供制度信心。

3. 课外活动

KUDIS 经常组织与国际事务高度相关的课外活动，其中最有影响力的是韩国模拟联合国与韩国大学辩论锦标赛。韩国模拟联合国由大邱国际学校（Daegu International School，DIS）与联合国开发计划署共同举办，帮助学生了解联合国知识与训练谈判技巧。韩国大学辩论锦标赛以英语进行，辩论主题为国际、社会、政治相关问题，培养学生的逻辑思维与社会意识。

（四）负责国际组织人才培养的实践项目设置

1. 本科生院（KUDIS）

（1）新生研讨会

所有的新生会在新生研讨会中分配到一个教员做个人导师，让学生和导师讨论自己的研究视野和职业生涯，促进两者之间的相互作用，确保满足学生在学习和工作上的需求。

（2）学生活动

模拟联合国：密切配合联合国开发计划署，每年举办国际会议韩国模拟联合国，学生将分配到从委员会主席、国际新闻记者到不同的国家代表等角色，帮助学生开发谈判技巧和基本外交领域知识。

模拟欧盟：由欧盟中心联合举办的活动，通过这个活动模拟一个欧盟理事会会议。如 MEU 2021 主题为关注卫生安全，招募学生模拟欧盟委员会代表、欧盟理事会秘书处代表、联合国成员国卫生安全部长等职位，以便了解欧盟结构、动态、过程以及其举措来推动卫生安全。为关注国际组织、欧盟、安全保障等热点问题的学生提供平台。

高丽大学辩论赛：每个团队有三到五个学生组成，用英语辩论有关国际社会、政治和经济问题。

U21 全球公民课程：以联合国可持续发展目标的进展为主题，面向 U21 会员学校的学生进行网上讲座、专题小组讨论、执行任务等。

亚洲电子校园项目：主题包括职业研讨会、世界银行风险管理研讨会系列、联合国难民保护安全风险管理等。这些会议都会请到现任或前任世界银行集团、联合国专家、研究人员或者政策制定者，关注这些国际组织的战略和运营是如何促进目标的可持续发展。

（3）研究中心讲座

KUDIS 学生受益于许多直接附属政策和研究中心的活动，如欧盟中心、国际人权中心、全球气候和海洋治理中心、东亚研究中心、国际教育与文化研究中心、联合国开发计划署首尔政策中心等。这让他们有很多机会聆听世界知名演讲者和国际专家的演讲，并参与到由他们主办的活动当中，与各高校学生一起更好地了解国际组织。

例如，高丽大学亚洲问题研究院东盟中心便在 2021 年举行了一次学术会议，探讨"东亚秩序重组与韩国—东盟关系"；和平与民主研究所连续举办三次研究工作讨论会议，有关"第四次产业革命时代日本的挑战与机遇""美中技术竞争时代网络安全"等；全球气候与海洋中心就欧盟碳边境调节机制问题开展治理论坛讨论；世界经济研究院举办金融产业面临的风险与机遇的讲座；邀请波兰驻韩大使就乌克兰问题发表讲座等。可以看到，学校开展讲座频率十分频繁，且会紧跟国际形势、热点话题，邀请各国各地相关领域的佼佼者发表讲座。

（4）实习

学院积极鼓励学生通过完成实习或参与国际研讨会、实地考察、会议等获得第一专业的实习经验。实习项目提供跨不同机构和企业的选择，如联合国、亚洲开发银行、国际非政府组织和其他公共和私人组织。学生在政府和商业组织的活动获得第一手的经验。实习机会由职业发展中心（CDC）发布，它为学生提供广泛的服务，包括成功的实习和工作搜索、职业网络连接学生和校友等，机构包括国际移民组织、第15届世界森林大会、欧盟驻韩代表团、联合国毒品犯罪办公室等。

2. 研究生院（GSIS）

（1）国际事务研究院联盟

该联盟由39个会员组成，高丽大学是其中之一。联盟一方面与国际组织合作，获取实习与工作信息，成员之间能够共享雇主提供的实习机会；另一方面，联盟成员学校的学生，在申请联盟成员学校研究生时能够享受一定的优惠政策。同时，联盟还与许多国家机构以及跨国企业合作，为联盟成员提供奖学金。

（2）全球研究所（GRI）

项目成立的目的是补充高丽大学研究生院的研究项目，推动韩国学术研究国际化。研究领域包括国际商务、国际关系、国际发展和地区研究，研究议题覆盖了东亚地区研究、人权问题、欧洲研究、文化教育、气候海洋治理等。

全球研究所包括东亚研究中心、国际人权研究中心、欧盟中心、国际教育与文化研究中心、全球气候与海洋治理研究中心五大部分。每个中心不仅会举办讲座与研讨班，还会就政策制定与国内外政府、企业开展合作研究项目。各研究中心议题与联合国可持续发展目标高度契合，例如教育、人权、气候治理等。

在活动开展方面，全球研究所和多个国际组织有密切的合作关系，如教育与文化组织会与联合国教科文组织合作开展"全球公民教育"，东亚研究中心自2007年开始举办欧盟—东亚圆桌会议。

（3）职业发展中心

职业发展中心致力于为学生提供实习机会与求职培训。中心会通过网站公布实习信息、参访机会，并邀请往届学生撰写求职经验与求职故事。此外，中心还会通过校友网络，为学生提供国际研讨会、实地考察、工作实习等机会。

（4）全球领导力中心

全球领导力中心为本校本科生、研究生提供全流程交流与实习服务，包括项目提供、项目评价、疑惑解答三部分。中心为学生提供短期派遣项目，主要包括学术交流与海外实习。每个学术交流或海外实习项目结束后，参与项目的同学会撰写学习感想或工作感受，分享到中心网站上，供其他有意向进行学术交流或海外实习的同学参考。在该板块，中心列出了常见疑问的回答，并为同学们提供了咨询与联系通道。

全球领导力中心在信息组织方面十分出色。进入网站，三大板块服务清晰易懂。每一板块内，信息按照项目、日期、作者、截止时间等类别排序，查询时只需输入关键词，一目了然，方便快捷。良好的信息组织与信息排列能够减少学生搜索信息的工作量，降低学生错过申请机会的概率。

在产学结合方面，全球领导力中心同时提供学术交流与海外实习机会，能够使有意向前往海外留学的学生更多地留意到国际事务。高丽大学由一个部门负责学术交流与海外实习的做法能够扩大海外实习影响力，吸引更多学生前往国际组织实习。

3. 高丽大学社会服务团（KUSSO）

社团社会服务活动主要包括儿童学习辅导、老人慰问与服务、普及基础教育、心理疏导安慰等。社团服务活动不仅在韩国国内开展，新冠疫情期间，社团为同学们提供了海外线上活动，如通过线上视频会议为柬埔寨儿童提供韩语教学、跨文化幼儿教育项目等。

此外，社团设立社会服务项目奖学金，鼓励学生参与到社会服务中。项目发起负责人需为英语系学生，且服务时间需要超过6个月。

五

韩国科学技术院

（一）学校介绍

韩国科学技术院（Korea Advanced Institute of Science and Technology）是韩国第一所顶尖的科学技术大学，一直是韩国通往先进科学技术、创新和创业的大门。该校毕业生也一直是韩国科技创新背后的关键人物。该校在2022年《泰晤士高等教育》（*Times Higher Education*）世界高校排名中位居第91位，QS世界高校排名中位居第41位。

（二）负责国际组织人才培养的机构设置

1. 全球英才教育院

该研究院认为在21世纪培养以知识为基础的社会优秀科学人才是国家竞争力的来源，在早期发现科学英才、培养人才是国家一项重要政策，而教育科学英才是韩国科学技术院的责任。

2. 全球技术化事业中心

全球技术化事业中心为韩国企业提供在发展中国家进行技术事业化的机会。该中心首先在发展中国家把握其要求的一些技术，然后与具备相关技术的韩国企业连接。全球技术化事业中心特别促进ICT科学技术领域的发展。

3. 人文与融合科学学院

人文与融合科学学院提供创新型教育，将文理学科结合在一起，激发学生释放他们的想象力，并注入数学推理。其下的未来策略研究院通过打造全球化思想智库，对接国内外政策研究机构和专家，促进广泛信息交流和深入研究。通过与未来战略研究中心和学位课程的讲座和学术交流，形成协同效应，与战略/政策研究所、本地和全球公司、顶尖大学和智库合作，研究民间、公共部门的未来战略和中长期展望路线图。

（三）负责国际组织人才培养的课程体系设置

1. 全球领导课程

该课程是韩国科学技术院为了应对剧变的全球时代，与美国加利福尼亚州立大学合办的公共机关针对性课程。全球领导课程由战略经营、营销战略、经营经济、国际经营等课程组成。此外，为了提高在全球化时代必要的沟通能力，学生需要在国内通过个人针对性的英语课程提高沟通能力，在国外通过美国研修，参与一些用英语进行的经营课程提高沟通能力。最后在全球领导课程中通过访问机关、体验机关，获得对机关革新方法进行思考的机会。

2. 未来社会变革课程

未来社会变革的主要驱动力包括科技进步、人口变化、气候变化与资源枯竭、国际经济政治秩序变化等。各种驱动力（或宏观趋势）本身具有强大的影响力，相互作用，创造了未来新的挑战和机遇。本课程首先概述了社会变革和前瞻性的理论和方法，然后探讨了可能导致国内外未来环境变化的各种因素。其次，预测这些因素将导致的未来社会变化，并在韩国背景下得出它们的含义。

（四）负责国际组织人才培养的实践项目设置

全球IT技术专家课程支援事业

该事业的参与者是外国人，目标在于从新兴战略国家选拔IT

技术领域的专家，然后由韩国科学技术院为他们提供教育，包括学费、航空费、保险费等。该事业有助于建立人际网络，扩大韩国IT企业的海外进入，最终将韩国科学技术院培养成全球IT教育机构。

韩国科学技术院"展望2031"，大致有四个项目，分别是教育革新、研究革新、技术事业化革新和国际化革新。从各个展望的内容来看，教育革新是通过培养创意性人才来培养符合全球化时代的人才，研究革新是以培养韩国科学技术院主导的合作研究集团为目标，技术事业化革新与全球IT技术专家课程支援事业和外国人ICT技术专家课程支援事业一样，目标在于各种技术的出资、企业的培养及构筑产业合作团体，最后国际化革新就像现在正在进行中一样，持续推进校园的国际化，然后实现建立海外国际校园的目标。

六

新加坡国立大学

（一）学校介绍

新加坡国立大学（National University of Singapore），是新加坡的第一所高等学府，也是亚洲乃至世界的顶尖学府。新加坡国立大学前身是成立于1905年的海峡殖民地与马来亚联邦政府医学院。1980年，马来亚大学的分校之一新加坡大学和南洋大学合并，成立新加坡国立大学。新加坡国立大学共有16所院系，分布在3个校区，在全球设有12所海外学院。2023年，新加坡国立大学在泰晤士高等教育世界大学排名为第19名，QS世界大学排名为第11名。新加坡国立大学旨在建设一个集学者、研究人员、教职员工、学生和校友于一体的重要社区，致力于提供优质教育，发表有影响力的研究，培育有远见的企业，服务于国家和社会。

(二) 负责国际组织人才培养的机构设置

新加坡国立大学设置16个院系。其中，艺术和社会科学学院（Faculty of Arts & Social Sciences，FASS）是其中之一。FASS 成立于1929年，是新加坡国立大学最大的学院之一，下设有16个系，进行人文科学、社会科学、亚洲研究和语言研究等领域的教育和学术研究。FASS 还设有许多特殊课程，如双学位、海外高校联合办学、亚洲暑期学校、交换留学机会等，为学生提供了丰富全面的教育体验。FASS 的许多校友或在新加坡政府中担任要职，或是在国际关系领域和工业界中代表新加坡发声，为新加坡社会发展做出了重大贡献。

FASS 历史久远，可追溯至1929年，最初只有英语、历史、地理和经济四个学科。如今，FASS 共有亚洲研究（Asian Studies）、人文研究（Humanities）和社会科学（Social Sciences）三个学部，下设15个系和课程。学院设有不同的学科组合，为学生提供了多样化的课程，满足个人的兴趣和专业知识。学院定制了特色辅修课程，如性别研究、健康和社会科学、城市研究等。学院还设置了新生研讨会，让学生探索除本专业之外的其他教育机会。目前，学院与澳大利亚国立大学、伦敦国王学院、北卡罗来纳大学教堂山分校、爱丁堡大学和多伦多大学合办学位课程和交换学生。

政治科学系设在社会学科之中。2001年，FASS 设置了项目办公室（Office of Programme），提供3个多学科课程：美国研究、欧洲研究、社会科学硕士（国际研究）。2019年，FASS 新设了政治哲学经济学（PPE）课程——一个旨在探索社会和政治现象的多学科研究项目。该项目的学生能从一整套哲学、政治学和经济学的多学科研究方法受益。2022年，新加坡国立大学政治科学的 QS 排名为第9名。

新加坡国立大学政治科学的教学重点放在亚洲和比较政治、国际关系、政治理论、治理和公共政策，以及政府和新加坡政治。新加坡国立大学在诸多领域都具有深厚的研究优势，并鼓励学生探索符合自己兴趣的项目。FASS 还设置有本科生研究项目，因而政治科学的学生能与国际知名的研究人员和获奖教师合作。FASS 的研究生项目也设置了特殊课程，如比较亚洲研究的博士课程，以及与伦敦国王学院的博士联合培养课程。一直以来，新加坡国立大学的政治科学毕业生颇受欢迎，在公务员、教育、商业、金融、法律和媒体等领域都大放异彩。

(三) 课程设置

新加坡国立大学政治科学下设四个二级学科，分别是比较政治学（Comparative Politics）、国际关系学（International Relations）、政治理论（Political Theory）、治理与公共政策（Governance and Public Policy）。课程设置包括通识教育、必修课程、方法论、自主研究以及四个二级学科的针对性课程。

通识教育旨在引导学生从公民身份的角度了解政治的运作，包括公民身份、新加坡公民的角色义务和责任、公民如何互动并影响政治和决策，以及新加坡政治史、政治制度、国家建设等。

必修课程旨在引导学生认识政治学及其子学科，使学生对政治学有初步了解。这一模块的课程简要解释了四个子学科的范围和组成部分，并使学生熟悉与权力、正义、政治文化、国家认同、问责制、伦理和世界秩序相关的主要问题和论点。针对研究型硕士和博士学生，新加坡国立大学还设置了研讨会（Graduate Research Seminar），以为学生和教师提供分享研究的论坛。政治科学的核心课程包括国际议题（Global Issues）、国际政治经济学、全球治理、调查方法、政治学导论、政治学研究方法（Political Inquiry）。

方法论课程包括政治调查、政治学研究方法、研究设计与方法、政治学中的数据分析、政治学研究设计、定量方法导论、定性方法导论、研究方法课题。可以看出，新加坡国立大学较为注重方法论课程，设置了多个课程以提升学生的研究方法。

自主研究板块旨在让学生深入探索本学科，学生应主动跟老师沟通，商定一个主题，并在此基础上阅读相关材料，并写作一份正式的书面协议，明确说明研究主题、学习计划、任务、评估和其他相关细节。书面协议必须得到校长和/或研究生协调员的批准。得到批准后还将举行定期会议并提出报告。

四个二级学科的针对性课程如下。比较政治学设有比较政治学导论、欧洲政治、东南亚政治、南亚政治、中国政治、新加坡政府与政治、美国政府与政治、中东政治、当代非洲政治、政治伊斯兰主义、亚洲地区种族和宗教、女性与政治、发展比较研究、军民关系（Civil-Military Relations）、比较视野下的新加坡政治、环境政治学、过渡中的政权、比较政治行为研究、政党与选举、当代东南亚政治、当代东北亚政治、国家与社会、比较民主政治、身份认同等课程，以及主题不尽相同的研讨会。

国际关系学设有国际关系导论、国际政治经济学、国际安全、新加坡外交政策、世界秩序、东北亚国际政治、外交政策与外交、东南亚国际政治、国际冲突分析、美国外交政策、中国外交政策、中国崛起与国际秩序、新加坡外交政策、国际组织、人权与国际政治、国际道德、联合国政治、东南亚人口贩卖、国际关系定量分析、欧洲一体化政治、社会理论和国际关系等课程。

治理与公共政策设有公共行政概论、亚洲公共行政、新加坡公共行政、公共部门组织行为学、公共道德与贪污、管理非营利机构、制定公共政策、公共组织理论与实践、中国公共部门改革、应用公共政策理论、地方分权和地方治理、全球化和公共治理、发展政策及行政等课程。

政治理论设有西方古代政治思想史、现代西方政治思想、伊斯兰和印度教政治思想、政治意识形态、政治理论概论、民主理论、美国政治思想、政治与视觉、德国政治思想、中世纪西方政治思想、中国现代政治思想、当代政治理论、政治神学、国际政治理论、非暴力政治、关键政治思想家、比较政治思想等课程。

在课程之外，学生还需进行实习。实习时间长短不一，但需要专注于一个组织，并由本系实习顾问审查和批准。实习需与政治科学专业相关，涉及学科知识和理论在反思工作中的应用，并进行评估。每学期初将发布实习广告，学生可自行申请。申请者需满足两个条件：（1）至少完成 24 门政治学课程；（2）已选择政治科学为专业。

（四）培养实践项目设置

1. 相关活动

（1）导师制度

该学校提供的导师制度称为"NUS Global Mentorship Programme"。学校通过学生和经验丰富的人才匹配，使学生能够获得行业眼光，该制度可以帮助向往国际组织工作的学生，获得与有国际组织工作经验的导师交流的机会，有助于增强学生对国际组织工作的了解，培养未来进入国际组织的人际关系网络等。

（2）社团活动

新加坡国立大学政治科学学会（The National University of Singapore Political Science Society，以下简称"PSSOC"）成立于 1967 年，主要为该校政治科学的本科生服务。PSSOC 每年组织大量的会议和活动，旗舰项目是新加坡模拟联合国（以下简称"SMUN"）会议，每年 6 月举行。SMUN 会议会模拟联合国各委员会和机构，也会模拟其他国际组织，如北大西洋公约组织、伊斯兰合作组织和国际法院。多年来，会议不断发展，目前吸引了来自新加坡中学、大专院校和大学的 300 多名代表，以及来自亚洲各地的国际参与者。PSSOC 还组织了年度论坛，讨论了颇具争议的国内外议题。PSSOC 的另一个标志性活动是年度政治科学营（Political Science Camp），旨在让新生迅速融入政治科学的大家庭。

2. 相关学生兴趣组织

新加坡国立大学政治协会（以下简称"NUSPA"）设立于 1976 年。该组织是为了提高学生的政治意识而聚合的无党派学生组织。虽然该组织的目的并不在培养国际组织人才，但是他们通过一些国内或国际政治论点鼓励学生培养政治意识和公民意识，为学生提供讨论平台，这使学生关注政治事件并开阔眼界。他们经常在社交网站发布相关活动信息或国内和国际结合的政治信息。

到目前，NUSPA 已成功举办了 Kent Ridge Ministerial Forum、Top Guns Forum、NUS Social Policy Forum、NUS Global Asia Forum、Policy Dialogue Series 等论坛。他们还开展了 Debate Series、Chancellor's Challenge Shield、Singapore Model Cabinet、The Convergence、The Review、Read NUS、NUS Undergraduate Survey 等活动。

3. 校友活动

新加坡国立大学政治学校友积极推动政治学作为一门学科的地位，并促进新加坡社会对政治学主题和问题的讨论。作为重要倡议之一，新加坡政治论坛（Singapore Forum on Politics，以下简称"SFP"）鼓励积极讨论新加坡政治中的问题。在 SFP 下，校友会组织了小组讨论、与主要政治领导人的闭门讨论、中学生辩论赛等活动。在诸多活动的熏陶下，政治学的学生得以培养国际问题意识，也可以开阔眼界、塑造观点，更可通过该组织活动培养进入国际组织的能力。

七

德里大学

（一）学校介绍

德里大学（University of Delhi）地处印度首都新德里，是印度首屈一指的大学，以极高的学术标准、多样化的教育课程、杰出的教师校友、多样化的课外活动和现代化的基础设施而享有盛誉。德里大学始建于1922年，目前拥有16个学院、80多个学术部门和学院，以及超过70万名学生。多年来，德里大学对国家建设的长期承诺和对人类普世价值观的坚定追求体现在其座右铭中，"奉献、坚定和真理"。德里大学致力于走在教育最前列，为学生提供最优质的高等教育，并在大学与社会之间架起桥梁。德里大学的办学宗旨是希望通过为学生提供最优质的教育，培育他们的才能，促进他们的成功，塑造他们的个人发展，专注且坚定地追求真理，并最终服务于全球社会。

（二）负责国际组织人才培养的机构设置

德里大学的政治科学系（Department of Political Science）是负责国际组织人才培养的主要机构，隶属于社会科学学院。政治科学系成立于1952年，现有研究生约40人，在该学科的教学和研究方面声誉卓著，是全国最好的院系之一。在社会科学学院中，东亚研究系（1964年成立）和非洲研究系（1955年成立）单独成系，没有被划分到政治学系之中，也承担了国际组织人才培养的责任。

政治科学系的教学和研究计划以综合社会科学方法为基础，鼓励对政治领域进行全面研究，尤其关注印度政治现实，该系的愿景是以塑造印度人理解和教授政治科学的方式，为理解印度社会现实做出学术贡献。政治科学系提供本、硕、博学位，定期举办研讨会和讲习班，致力于推进教育和学术研究，培养学生的智力和社会转型的可能性，并使他们成长为公民领袖，致力于社会和性别正义，服务于公共价值观。

政治科学系设置了六个分支学科，分别是政治理论、印度政治思想、国际关系、比较政治、印度政治与公共管理。政治科学系的教授们合作发起了一系列研究小组和网络，以在新兴领域开展研究，包括：比较联邦主义者研究小组、思想史研究组、国际政治研究网络中的和平与安全、女权主义者与法律和国家的关系研究网络、全球正义研究组、东南亚研究组、现代南亚思想家研究网络、比较政治理论研究组。可以看出，德里大学的政治科学系的研究主要集中在南亚和东南亚地区，同时也关注全球正义、女权主义、思想史等研究主题。

（三）培养课程体系设置

德里大学政治科学系没有设置学士学位，只提供硕士和博士教育以及哲学硕士教育。该系的研究生教育目标是：①提供政治学各分支学科的教授和培训，包括政治理论、印度政治思想、国际关系、比较政治学、印度政治和公共管理；②通过文本分析、体验式学习和统计数据的使用等多种方法，培养学生的批判性思维，增强沟通和分析能力；③帮助学生发展与社会整体公民和文化发展相适应的知识、技能、态度和价值观；④让学生运用理论知识了解印度政治、国际关系和公共政策实践；⑤促进跨学科方法，以让学生更好地理解和参与印度的社会问题、融合与排斥、发展状况和问题。政治科学系实行大学导师制，本院系、其他院系或外部专家都可担任学生导师，为学生提供指导和帮助。

政治学硕士课程为期两年，共四个学期。学生必须修满80个学分才能完成课程并获得学位。专业必修课包括：政治理论争鸣、国际关系理论、印度政治、印度政治思想、比较政治分析、行政管理理论、应用政治科学以及其他选修课。选修课包括：伦理与政治、全球正义和全球南方国家、民主理论与实践、政治理论的批判传统、民主与暴力、当代印度批判理论的关键思想、印度文化与政治、印度民族主义、印度战略思想、国际关系中的性别、巴基斯坦与世界、安全研究等。简言之，德里大学政治科学系的选修课涵盖了多样主题，对南亚和全球政治都有关注。

（四）培养实践项目设置

德里大学政治科学系认为，学术和研究合作有助于提高研究技能和整体工作质量。因此，该系十分重视与大学、研究机构和其他政府和非政府组织在教学和研究领域的国家和国际层面的合作，这也是该系的核心优势之一。该系会邀请来自印度各地和其他国家的研究学者、活动家和不同行业的从业者来举行各类讲座，合作开展研究项目，定制特殊教学项目。该系已开展了数百场政治研讨会，研讨主题包括"印度的邻里政策：问题与挑战""政治，政策与程序""政治理论与规范思考：应对时代挑战""利用技术领导力实现软实力：印度可以从其他国家中学到什么""描绘印度政治思想的轮廓"等。

此外，该系与世界各地的高校和研究机构开展了许多合作活动，比如 Universities 21（以下简称"U21"），这是一个独特的全球网络，汇集了28所世界领先的研究型大学，他们对合作和国际化的价值有着共同的信念。从比利时到智利，从韩国到南非，U21高校通过共享资源、共同学习和共同设计解决方案来造福员工、学生和兄弟高校。成员包括澳大利亚墨尔本大学、英国伯明翰大学、瑞典乌普萨拉大学、孟加拉国布兰大学、不丹皇家大学、中国南京大学、中国科学技术大学、印度尼西亚茂物农业大学、尼泊尔加德满都大学、尼泊尔特里布万大学、巴基斯坦拉合尔管理科学大学、斯里兰卡佩拉德尼亚大学、泰国农业大学、菲律宾维萨亚斯州立大学、菲律宾东南亚农业研究与研究区域中心（SEARCA）、捷克共和国阿格里纳图拉等。

八

朱拉隆功大学

（一）学校介绍

朱拉隆功大学（Chulalongkorn University）成立于1917年，是泰国第一所高等学府，被尊为"全国最有威望的大学"，现有20多个学院和研究所，在QS世界大学排名中排224名。泰国人将该校视为泰国高等教育的先驱，指引着国家高等教育的发展方向及某些特殊专业的发展方向。朱拉隆功大学的使命是建设学术钻研和专业卓越的中心，致力于赋予学生专业知识和研究技能，以及保护艺术、文化和价值观。除了学术学习，大学还承诺培养毕业生的道德感、社会责任感和社会服务意识。

（二）负责国际组织人才培养的机构设置

朱拉隆功大学有关国际组织人才培养的主要机构是政治科学学院（Faculty of Political Science）。该院成立于1899年，是朱拉隆功大学四个创始学院之一，被公认为"泰国政治学的支柱"，代表着进步、和平和社会责任。政治科学学院以培养一流的毕业生为国家和国际组织服务而闻名。学院有四个系，分别是行政学（Government)、国际关系学（International Relations）、公共管理（Public Administration）、人类社会学（Sociology and Anthropology）。政治科学学院不仅提供本科课程、研究生课程，还设置有几个高质量的研究中心和研究所。

此外，政治科学学院还提供政治与全球研究文学课程（BA in Politics and Global Studies）。该课程是朱拉隆功大学政治科学学院、英国埃塞克斯大学、澳大利亚昆士兰大学合作开设的国际双学位课程。政治科学学院还设置有两个社会服务小组：学术研究推广小组和社区服务小组。学术研究推广小组负责支持学术服务的推广工作和其他指定的学术工作，如协调和实施学术服务项目，为学术研究项目提供服务、举办研讨会等。围绕着国内外热议话题，该小组组织了"国际关系的政治理论""2020 年缅甸大选""美国政治：2020 年大选之后""白宫主席争夺战"等研讨会。社会服务小组专注于提供学术服务，以满足社区需求和社会责任。该小组制定与学生活动相关的政策和工作计划，包括提高学生在研究生院的能力，特别是将学术活动与社会服务等其他活动联系起来。

政治科学学院出版《社会科学》杂志，该杂志是朱拉隆功大学负责刊印的学术期刊之一，涵盖了政治学、政治、治理、国际关系、社会学、人类学、政治学和其他相关领域的议题，为半年刊。

（三）培养课程体系设置

政治科学学院的本科课程共有以下五个方向：行政学、国际关系学、人类社会学、公共管理学和政治与世界关系研究系（国际项目）。学院最新修订的课程方案提供了一份涵盖法律和经济学基础课程的必修课清单，要求学生掌握社会科学领域的基础知识，并能够将社会科学领域之间的政治和社会问题联系起来，从而将自己感兴趣的基础知识应用到未来的专业领域。

该学院的研究生课程分为以下八个方向：政府专业、政治学和行政管理专业、国际关系、人类社会学、犯罪学和司法学、公共行政学、国际发展计划（国际课程）、良好治理计划（国际课程）。政治科学学院的研究生课程侧重于培养具备各领域的专业知识及实践知识的毕业生。通过研究工作创造知识，扩展知识以实现自我提升，实现组织单位和多层次的政策响应。

该学院提供三个方向的博士课程，政治学、人类社会学、犯罪学和司法学。博士课程涵盖了理论和应用知识，包括学术实践运用。在人类社会学和犯罪学课程中，学院还开设了一门专注于社会科学和人类学高级知识的课程，并开设了一门涉及理论、研究方法和当代问题知识的课程。在分析不断变化的社会状况时应用知识。

政治科学学院国际关系专业的课程总学分为141。国际关系专业共有三类课程，分别是通识课程（36学分）、专业课程（99学分）和研讨课程（6学分）。通识课程包括选修课、语言课和外语补充课。该院十分注重培养学生的语言能力，设置了多门外语课程，旨在提升学生的实践语言技能。

政治科学学院的语言课程注重多维度展开，不仅需要学生提升阅读、写作、口语讨论的能力，还需要学生实际应用语言，探究相关领域和当代世界的议题。该院的语言课程包括实践英语（一）、实践英语（二）、学术英语（一）、学术英语（二）等。

政治科学学院的专业课程一方面注重培养学生的社会科学知识，设置了经济学、社会学等领域的基础课程，也十分注重了解当代世界政治思想和泰国政治现状。核心课程包括法学导论、政治和行政学导论、国际关系学导论、人类社会学导论、公共管理学导论、社会政治理论导论、泰国政府和政治、现代世界政治中的泰国外交关系、逻辑推理与社会探究、社会科学研究与基础统计、经济学、比较政治学概论、行政法、国家与社会、当代泰国政治、政治哲学、政治经济学理论、当代民主政体、发展政治学、地方和区域政治与政府、宪法和政治制度、政治和社会运动、政治和公共舆论、欧洲政府和政治、英国政府和政治、美国政府和政治、东南亚政府和政治、政治行为、泰国政治思想、马克思政治思想导论等。

学院还提供了丰富的阅读材料，供学生们学习。学院经常组织政治学范围和方法研讨会、当代政治学思想研讨会、政治和社会变迁研讨会、当代泰国政治问题研讨会、政治与公共政策专题研讨会等，各个研讨会针对不同主题展开讨论。

九

泰国国立法政大学

（一）学校介绍

泰国国立法政大学（Thammasat University）成立于1934年，是泰国历史上第二所大学，也是泰国现代高等文科教育的奠基者。成立至今，泰国国立法政大学社区致力于发展成为泰国的知识、道德和精神中心，向每一位学生传授为国家和人民服务的愿望。泰国国立法政大学号称泰国总理的摇篮，泰国历史上17位总理中，有11位毕业于该校。

（二）负责国际组织人才培养的机构设置

泰国国立法政大学政治学院成立于1949年，是该校的四个创始学院之一，也是继朱拉隆功大学政治学院之后第二古老的政治学院，该学院的本科教育和研究生教育制度十分完善，专注于培养具有政治、国际和政府管理知识的学者。政治学院提供三个泰语课程以及一个国际英语课程。

在本科教育中，政治科学项目（Bachelor of Political Science Program）负责培养政治学、公共管理和国际事务三个方向的学生。另外，哲学、政治和经济学学士学位（Bachelor of Arts Program in Philosophy, Politics and Economics）也会从政治、经济、法律和基本哲学的角度研究全球时事，鼓励学生从跨学科研究的角度分析社会现象，并提出合理、明确、中肯的意见。自1971年成立以来，相关培养项目不断完善，学生也都成为各行各业的中流砥柱。

政治和国际关系学综合项目是5年制综合学位课程，旨在培养政治与国际关系综合政治学学士和硕士。本项目全程用英文教学，目标是让学生全面发展，了解时事，并能将所学知识用于自我发展。该项目的毕业生了解世界事务，能进入公共部门和私人部门工作，作为泰国在国内外组织和企业中的代表。

社会政策与发展文学学士项目（Bachelor of Arts Program in Social Policy and Development）主要研究社会政策和发展，特别是在区域层面，以培养毕业生准备好进入一般公共服务或社会福利的经营者或管理者的角色。毕业生可以从事各种各样的职业，如政策和规划分析师、劳动福利官员、社会服务管理员、人权保护者、人力资源开发人员、项目经理、社会经济顾问、国际项目顾问，以及国内外社会福利办公室的社会开发人员和保护官员，特别是在东盟国家。

此外，还有"东南亚研究"文科学士（Bachelor of Arts Program in Southeast Asian Studies）、"政治与政府"政治学学士（Bachelor of Political Science Program in Politics and Government）、"公共管理"政治学学士（Bachelor of Political Science Program in Public Administration）等项目也培养政治学和国际政治方向的人才。这些项目的本科毕业生毕业后在相关政府机构工作，或是在国外担任泰国政府的代表，或是在国际组织工作，以便更好地开展合作，解决冲突，维护全球社会的和平，并在国际贸易和投资中发挥作用。

在研究生教育中，政治学和国际关系双硕士学位（Dual Master of Political Science Program and in International Relations）、政治学硕士课程（Master of Political Science Program in Politics and Government for Executives）、公共管理和公共事务政治学硕士课程（Master of Political Science Program in Public Administration and Public Affairs）、政治学博士课程（Doctor of Philosophy Program in Political Science）等也都旨在培养政治变革、国际关系、公共事务、公共管理、风险管理等方向的人才。

泰国国立法政大学的教学氛围浓厚，师生关系融洽。在日常课程之外，学校还设置了专家主题讲座、研讨会等丰富多彩的课外活动。此外，该院的国际项目为学生提供大量海外学习交流的机会，与亚洲、欧洲、北美的高校密切合作。

泰国国立法政大学政治学院培养了许多优秀的学者和政治学者。该学院的课程以学生为中心，旨在训练学生"思考并了解世界"和"及时行动"。在该学院的学习中，政治学系的学生被塑造成为慷慨的听众、智慧的演讲者。学生毕业后，进入不同行业工作，成为公务员、国有企业雇员、记者、地方行政官员和国际机构工作人员，也有一部分校友进入国际组织工作。

(三) 培养课程体系设置

泰国国立法政大学政治学院致力于培养具有政治、国际关系和政府管理知识的学者，为国家的发展和高质量的学术成就提供理论、过程和管理知识。

在一般本科生教育之外，政治学院还提供针对本科生的政治与国际学士学位课程（Crane Bir）。这是泰国第一个也是唯一一个英文授课的课程，旨在优先提供与国际水平相当的高质量教育。该课程提供政治、国际关系和公共管理领域的学术知识和实践技能；激发学生对时事的兴趣，并鼓励学生将理论知识应用于实际；提供国际知识，以让学生在国内外地区和国际组织求职中保持竞争力。

该项目的学生将有机会去往美国、日本、英国、德国、中国、韩国、澳大利亚、新加坡等国的顶尖大学进行学术交流，很多毕业生进入外交、公共通信、研究机构、国有企业、私营企业、国际企业等机构工作。

政治学院的研究生院提供政治学学士、博士学位以及 EPA、MIR、MPE 等项目。EPA 项目旨在回应不断变化的环境，使学生掌握行政管理和现代社会的复杂知识，成为全球化时代的领导者。该项目采取课堂教学与小组讨论结合的教学方式，帮助学生获得理论知识和实践知识。EPA 课程颇受欢迎，往届毕业生来自各行各业和不同职位，如部长、高级公务员、政治家、记者、银行家、商人和国有企业高管。

MIR 硕士项目成立于 1998 年，旨在培养国际关系政治学硕士。该项目仅在周末授课，并提供小班教学，以让其中的学生能够得到充分关注。MIR 项目主要研究国家、国际机构、非国家行为体等，以及具有挑战性的主要跨国问题，如人权、气候变化、灾害和环境。

MPE 项目是泰国国立法政大学的首个外联项目，旨在为北下地区和中部上地区公共和私营部门的高管提供机会。往届学生来自许多职业和不同的职位，比如部长、议员、政党领导人、国家官员、市长、医生等。未来，该项目将进一步扩大。

泰国国立法政大学政治学院于 2003 年开办博士课程。该课程的主要目的是培养具备分析能力和能够独立进行综合研究的学生。此外，该课程还旨在赋予学生作为一名优秀学者所必需的价值观，他们渴望将知识和思想传递给一个更好、更平等的社会。往届毕业生在各大学担任学者、研究人员和讲师。

第五章

中国国际组织人才培养的初步建议

当今世界是全球化的世界,国际组织在解决全球性问题上发挥着不可替代的作用,国际组织职员则是主权国家在国际组织内发挥影响力的重要力量。然而,受西方国家实力和话语权的影响,联合国等重要国际组织长期被传统发达国家所掌控,职员的国家分配非常不均衡。

长时间以来,受多种因素的影响,中国在联合国等重要国际组织中任职人数较少且职位偏低,严重影响了中国通过国际组织来开展公共外交并参与全球治理。近年来,随着中国经济的发展和综合国力的提升,中国越来越重视培养和输送国际组织优秀人才,并取得了一些成效,联合国等重要国际组织中的中国籍职员比例也在稳步提升。然而与中国国际地位以及缴纳的会费比例相比,中国在许多重要国际组织中仍任职不足。因此在新时代,中国需要多参考其他国家输送国际组织职员的成功方法,在结合本国国际组织人才培养与输送国情的基础上,来制定更加丰富与有效的政策方案。

一

积极参与全球治理，深化与国际组织合作

改革开放以来，中国的经济水平得到了快速发展，国家硬实力也实现了大幅增强。然而长期以来中国参与全球治理水平深度不够，参与国际组织历史较短，国家软实力与话语权无法与经济实力相匹配，国际议程设置能力、国际规范塑造能力以及国际影响传播能力亟待提升。[①] 虽然中国目前已经成为联合国第二大会费缴纳国，但受制于国家软实力和国际组织参与度等多种因素的影响，中国并没有在联合国等国际组织中实现充分任职。

因此在新时代，中国需要不断提高参与全球治理的水平和能力，在发展经济的同时注重主动承担国际责任，构建国际政治经济新秩序。

为提升参与全球治理能力，2013年国家主席习近平在访问哈萨克斯坦和印度尼西亚时分别提出要与各国共建"丝绸之路经济带"和"21世纪海上丝绸之路"。近年来，伴随着"一带一路"倡议建设的稳步推进，中国不断深化与沿线国家和相关国际组织的合作，就全球与区域治理的诸多议题贡献力量，这使得中国成为沿线国家相关国际组织机构全球治理和多边合作的重要参与者，同时也成为规则制定者与遵守者。[②] 未来，中国应以"一带一路"倡议建设为

---

① 摇乐：《面对西方抹黑，中国需要重塑全球治理话语体系》，《对外传播》2018年第6期。
② 苏丽锋、史薇：《"一带一路"倡议的政策红利与高等职业教育改革对策》，《教育与经济》2018年第5期。

契机，一方面通过政治、经济、文化等方面的合作建设来深化参与全球和区域治理的深度和水平；另一方面通过与上海合作组织、欧亚经济联盟、东南亚国家联盟等国际组织的合作，来提升中国在各大国际组织中的影响力与话语权，这无疑可以为中国公民进入国际组织任职提供便利。

二

制定培养和输送国际组织人才的中长期目标

国际组织人才培养是一项系统性工程，应被提升为国家全球战略的重要内容。多年来，中国在培养国际组织人才上主要依靠各大高校，各职能部门针对国际组织人才培养大多是各自为战，缺乏专门机构来整合资源，进行统一规划与领导，导致人才培养效率低下。

因此目前中国应该强化政府部门在国际组织人才培养及输送上的作用，着手建立跨部门协作的国际组织人才培训和管理专门机构，构建符合中国实际情况的工作机制和人才事务管理体系。中国也应该就目前国际情况和未来国家战略来制定国际组织人才培养输送中长期目标，充分协调各部委、高校与社会各界培养国际青年人才的各项计划，将国际组织的中国籍人才培养纳入长期、系统教育方略中。同时，中国应该出台更多旨在保障国际组织人才培养输送的相关政策，从国际组织人才的培养、筛选、评估、推荐、协助竞聘、提供必要经费，到回国安置、福利待遇等做出系统性的制度安排，将政策保障贯穿到国际组织人才培养及输送的每一个阶段。逐步构建从选拔、培养、派出到归国任用的全方位工作机制，完善中国国际组织人才培养和管理体系建设。

三

搭建国际组织职员人脉网络

健全的校友联系网络是国际组织招募人才过程中的"会员通道"。健全的校友网络可以在招聘市场上打造独属于自己高校的特色优势。鉴于国际组织等雇主单位会将雇员的个人工作表现和其教育背景联系起来,优秀的校友资源此时就成为高校学生和国际组织之间的天然纽带和交流大使。此外,校友资源还意味着可以填补高校学生对入职国际组织等方面的信息差,成为高校学生咨询相关国际组织、相关议题领域等方面的强大智库。同时,充分利用校友资源还可以为高校国际组织人才培养提供外部资金支持,如成立专项奖学金、实习补助等。

在国际组织出现用人需求时,往往会考虑优先录用内部候选人员或者是有工作经验的人,因此通过人脉网络掌握一手需求和进行一手推荐显得尤为重要。以韩国为例,在包括联合国秘书处在内的国际相关组织和机构里任职的韩国籍职员人数持续稳步增长的10年,正是潘基文担任联合国秘书长的10年。[①] 目前,伴随着中国越来越多的公民前往联合国等国际组织中担任较为重要的职位,中国相关机构应该以此为契机来组建国际组织职员人脉网络。一方面,良好的国际组织人脉网络可以为国内人才培养项目所利用,中国在开展国际组织人才培养项目时可以邀请国际组织官员来进行经验分享。如哥伦比亚大学举办的学生与国际组织官员共进午餐活动,国际组织职员的参与可以使人才培养项目更贴合实际,能够使人才学

---

① 朴光海:《韩国培养和输送国际组织人才的策略及启示》,《对外传播》2019年第3期。

习到相关国际组织在具体问题上的思维方式和运作解决方式。另一方面，借助国际组织中中国高级官员直接或间接的影响力，在相关职位空缺时可以优先推荐中国籍合适候选人，从而稳步地将越来越多的中国籍职员输送到联合国等国际组织和机构中任职，扩大中国职员的数量。

四

重视多方位国际组织人才培养

高校是培养国际组织人才的重要基地，目前中国已经有很多高校开设国际组织人才培养相关学科及项目，然而从专业设置方面考虑，高校现行的学科专业分类标准和人才培养模式并不能完全满足国际组织对于复合型人才的需求。

在学科设置上，应该由教育部牵头设置国际组织研究等一级学科或专业，为各高校开设相关专业提供政策依据。同时，各优势高校也应该主动整合专业资源，依托原有的具有较强国际性特征的专业来设置国际组织学科。如以外交学、国际政治学、国际法学等专业为基础，通过学科融合来整合师资与教学资源，从而建设新的国际组织专业，完善培养体系。

同时，在培养国际组织人才过程中还需要注重语言学习。国际组织职员往往掌握多门语言，高校在培养专业人才时应该注重对外语能力的培养，不仅可以使学生掌握相关专业知识和该领域的国际标准法则等，还能够通过外语学习成为"专业+语言"的复合型人才。为培养该类复合型人才，外语类院校或高校的外语类院系需要发挥外语专业优势，培养更多的翻译类人才，同时可以借助外语优势开设更多的国际组织人才培养项目，打破高校中外语类院系与其他院系之间的"藩篱",使得外语院系可以与其他院系或专业进行深度合作,将外语技能的培养渗透进各学科与项目的发展之中,从而可以培养出更多的专业与语言并重的国际复合型人才。

国际组织在人才选拔时,还非常重视人才所具有的实践能力。因此,除了必要的理论知识学习外,还应该加强对人才的实践能力的培养。目前中国已有部分高校通过与国外高校和国际组织加强合作来为学生提供海外实习机会,但项目数量和学生培养人数都非常有限。未来中国高校应提高国际化水平,加强与国际知名高校的合作,同时依托优势专业与相关专业的国际组织或跨国集团进行合作,输送更多的学生进入国际化平台进行实习。政府也应该积极为高校和国际组织牵线搭桥、促进合作,为高校学生争取更多的实习机会,同时为国际组织实习提供资金支持。除了实习之外,中国高校还应该学习美国高校培养人才的方法,在培养国际组织人才过程中提高对全球性议题的重视程度,紧密关注国际组织动态方向,开设第二课堂来提高学生的实践能力。

五

吸引国际组织落户

除了对外输送国际组织职员外,中国还应该转换思路,积极引进国际组织落户。从国际经验上看,国际组织的入驻一方面可以带动落户城市的发展,提高城市的国际影响力,有效提高落户城市的政治地位和经济发展能力,另一方面则有利于中国更快捷地获取国际组织第一手资料,有利于与相关国际组织进行积极交流合作,从而为本国国民进入该国际组织工作提供便利。目前,已有国际竹藤组织、上海合作组织、亚洲基础设施投资银行、博鳌亚洲论坛、国际数字地球学会、联合国可持续工业机械化中心等国际组织总部落户中国，但数量仍然较少，无法满足中国目前对于国际组织总部或分部入驻数量的需求。

中国政府可以学习韩国吸引国际组织入驻经验，通过组建专门的公关团队来为落户本国的国际组织提供政策支持与优惠，通过提供办公地点、承担部分运维费用等方式来吸引国际组织落户。同时还应该与落户本国的国际组织展开就业方面的合作，通过签订就业协议等方式来为本国公民进入国际组织实习或就业提供机会。此外，随着中国在全球和区域治理中发挥着越来越重要的作用，中国政府也应该考虑自行组建国际组织，在提升国际话语权的同时促进中国公民进入国际组织任职。

六

精准响应微观层面的国际组织人才需求

实习生视角下的高校培养模式包括硬实力和软实力两部分，其中硬实力部分的外语是基础、专业是框架、自学是核心。软实力部分对跨文化交流合作能力做出特殊要求。

掌握英语是进入国际组织的基础，更重要的能力是在工作场景中的实际应用，即如何撰写清晰的文书和进行得体的汇报。这就要求学校有一个合理的语言培养体系。而专业知识旨在让学生构建一个大框架，对国际组织的体系种类建立清晰认知，在接触不同议题时能够有所把握。同时当下热门的概念如 SDG 也有助于学生高效掌握国际组织的动向，应该被涵盖在课程中。

工作的本质是在锻炼自学能力。国际组织的工作要求不断了解新的领域与国家状况，对自学能力要求很高。在撰写学术论文、进行小组汇报等学术训练时，应该注意对学生的搜集、整理、归纳信息的能力进行锻炼。基本职业技能如简单的数字处理，图表制作在任何工作中都很重要。因此，学校的相关部门应该提供相关训练营，而国际组织相关的技巧和知识则需要学校邀请专业从业人士进行分享指导。跨文化沟通能力需要同学在社团、学生组织中自主养成，而非通过课程学习，因此学校应该提供一个包容开放的平台以及更多海外交流的机会。

其一，课程体系中国际组织理论方面的积累对进入国际组织分析和探究问题提供了认知框架。国际组织中许多议题都是学生未曾接触过的领域，需要他们在短时间内进行资料信息收集，然后归纳总结，因此自学能力十分重要。在大学期间学习各种方向、各种学科分支的课程时，写论文和文献综述锻炼了他们的自学能力。此外，受访的实习生均表示受益于学校关于国际组织的课程以及相关社团提供的讲座，其中介绍SDG（可持续发展目标）的课程实用性极大。从院校特色项目设计角度，国际组织从业人员亲授的课程、分享的执业经验也很有启发性，有利于学生对国际组织有切身、更具象的理解。

其二，语言能力对参与国际组织至关重要。出色的语言能力培训是开展国际组织工作的基础。国际组织工作语言多为英语和法语，不同于简单的交流用途，国际组织的工作性质要求职员的语言水平能够满足公文写作、一般性辩论和质询提问等工作场景。同时，鉴于国际组织的多元文化工作背景，多语言工作环境和使用需求让第二外语甚至第三外语能力成为求职国际组织的加分项。因此，高校在培养国际组织人才的体系建设中需要将多语言技能纳入考虑。此外，国际组织也十分看重短时间内学习的能力，因为涉及太多不同的议题领域和国家，实习生要不停吸收新知识、收集资料、概括整理，然后分门别类，这种整合分析的工作对学习能力要求很高。

其三，在跨文化交流合作能力方面，国际组织中的工作大多要跟不同部门的职员进行交接，因此团队协作十分重要。此外，国际组织中的同事来自不同的文化背景，所以跨文化合作能力十分重要，学生需要包容多样文化，了解西方思维的办事方式和思考方式，在语言表达、沟通技巧方面进行调整学习，进行有效的沟通。如果能建立友好的关系，就可以在工作上面获得帮助，甚至获得发展机会。

其四，在知识方面，有志于联合国体系的同学希望获得 SDG 更多相关知识，深入探讨每一个议题领域下的内容、话题和活动，然后结合日常领域分析。在职业技能方面，学校应该教授更多量化技能，如数据的分析和可视化，以及如何处理表格、数字。英语和第二外语学习也应该被合理地纳入学校教学体系，进行统一的培养和教授，同时兼顾实际运用中的外语沟通技巧和文书写作。在实践方面，学校应该邀请国际组织的从业人士进行讲座授课，凭借他们第一手的资料和经验，为学生传授一些实务上的经验和技巧，同时让同学对国际组织有更深入的理解。

其五，学校方面应组织并完善与国际组织相关的校园招聘活动。校园招聘是高校毕业生求职的主要渠道，同时也是国际组织求贤的捷径。高校在培养国际组织人才不仅要聚焦于传统的私企、国企等用人单位，还要注重与相关专业高度融合的国际组织，如国际电信联盟和世界卫生组织等。

其六，国际组织绩效考核和制度下的个人发展都需要演讲、辩论等表达技能训练。国际组织的工作因其职员文化背景和客户需求的多样性，因而对创新观点持极大的包容和鼓励态度。国际组织对于职员成绩考核，首先是基于被考核人的个人陈述，其次才是第一考核人和第二考核人的主观陈述。高度主观性的考核标准对被考核人的个人表达能力做出了较高要求。

综上所述，一流的国际组织人才培养模式不仅需要聚焦于基础的学术创新平台和网络建设，也要把科研教学成果转化应用于国际治理的实践能力，加强与国际组织的合作及与其他相关平台或机构合作交流。青年人才是人类文明的未来，是当今世界大变革局势之下的破题之力，是构建人类命运共同体的主力军。重视国际组织人才培养，立足中国，讲好中国故事，传播中国声音，贡献中国智慧，为世界和平发展、人类文明演进提供坚实的源源不断的动力保障。

编 后 记

这本教材应该是我主讲"国际组织"课程的一个阶段性总结。六年磨一剑理应高兴，但是，从这本教材初稿的修订来看，真要铸就一把宝剑，六年可能还是短了。无论如何，还是付梓面世，诚挚接受同行和同学的批评，期待能够在未来更好地修订这本教材。

2017 年，我从苗红娜博士手中接过"国际组织"课程的教学任务，为南京大学政府管理学院政治学类本科生和其他专业选修学生讲授国际组织相关内容。在此前，2016 年 9 月，习近平总书记在中共中央政治局第三十五次集体学习时强调，要提高中国参与全球治理的能力，着力增强规则制定能力、议程设置能力、舆论宣传能力、统筹协调能力。参与全球治理需要一大批熟悉党和国家方针政策、了解我国国情、具有全球视野、熟练运用外语、通晓国际规则、精通国际谈判的专业人才。中央的精神指示为新时代的"国际组织"课程教学提出了更高要求，指出了国际组织人才培养的更精确方向，当然，这也为我们高效提出了更重大的教学使命。

与其闭门造车，不如开门学习。当今国际组织的领导权在很大程度上还被西方发达国家控制，他们行使领导权的一个抓手便是国际组织中的精英领导阶层和国际组织的工作人员；我们需要承认，最起码到目前为止，美国等西方发达国家在国际组织人才培养方面依然走在了我们前面。我们不能盲目排外，我们要实现加快构建中国特色哲学社会科学学科体系、学术体系、话语体系的目标，我们要展现自立自强的底气，这都需要我们坚持开放包容，推动中西文化与文明交流互鉴，而不能自说自话。因此，我们需要虚心地学习西方在国际组织人才培养方面的宝贵经验为我所用。面对无尽荒漠，我们不能幻想在沙子上短平快地建立徒有虚表的高楼，我们要把握机会、从小处着手，点"沙"成金。尽管国情不同，但是，只要我们开启发现的眼睛，诉诸负责的态度，着力我们中国人的探索与创新，我们肯定有一天能够走在国际组织人才培养的前列，为多元化的人才培养模式和集大成的中国探索提供动力。这也是我编写这个教材的主要初衷。我希望这本书能够为国内同类高校的"国际组织"课程教学提供一点知识助益，助力对国际组织感兴趣的本科生或者硕士生了解国外"竞争者"的培养状况，也为愿意出国在此议题上深造的本科生和研究提供一些知识普及。

回首教材编写的这几年，各种支持源源不断，大家的共同帮助让我能够完成这个教材。

首先，由衷感谢南京大学就业创业指导中心特别是刘慧主任的支持。她让我担任南京大学就业指导中心国际组织人才培养营的指导教师，并在2019年推荐我作为带队指导老师参加"联合国全球治理能力提升国际科考与科研训练项目"，为期半月的调研为我提供了更为丰富的教学素材和更接地气的国际组织认知。后来，我屡次参加就业指导中心的国际组织指导和接待活动，以此为平台来深化我对国际组织的了解。刘慧主任给了我极大的信任和关怀，让我开展指导活动无须左瞻右顾。特别感念的是，每当开展工作遇到困难时，刘主任的开导都会让我如沐春风。

其次，感谢南京大学本科生院、政府管理学院与国际关系学院的支持，"国际组织"课程入选了南京大学"千"层次优质课程建设名单；学校批准我主持2020年南京大学本科教育教学改革项目"国外高校国际组织后备人才培养体系现状与改革研究"，本教材可以说是这个教改项目的阶段性成果之一。感谢孔繁斌教授、张凤阳教授、李里峰教授、杨冬梅书记、朱锋教授和施林淼副处长的大力支持，点滴鼓励与教导，这些都让我铭记在心。

再次，感谢南京大学亚太发展研究中心和南京大学亚太发展研究基金捐助校友的支持。回到南京大学任职后，我有幸进入研究中心并担任副主任，得益于平台支持，我可以心无旁骛且无后顾之忧地开展自己想开展的研究项目。特别感谢石斌教授，他亦师亦友，为兄长为长辈，在学术规划上的大手笔和对我学术发展的"纵容"让我有了"任性"施展技能的空间。关注国际组织，投入实务研究，聚焦海外高校国际组织人才培养实例，其实也是我遵循亚太发展研究中心"本土关怀、世界眼光"的一种展现和实践。

最后，要感谢亲爱的同学们。教学相长是一种美好且收获满满的过程。2019级、2020级和2021级的政治学专业与国际政治专业本科同学以及外院、商院、地理学院等跨院系选修的诸位同学对本教材贡献颇大。我们的学生有着平视世界的自信，有着超越寻常的视野，有着"兼济天下"的情怀。他们在资料搜集和院校选取方面经常会超出我的想象。在编辑过程中，我特别要感谢马赟菲、张宁、杜睿琪、都又铭、刁国轩、王珂渝、崔俊杰、万欣然、刘存钰、周吴越、邱奕暄、贾子群和钟艺杰的"头脑风暴"和国际组织学研使命感。我们据此产出了多篇高水平本科毕业论文、一篇CSSCI集刊论文和一个全国高校国际组织菁英人才大赛优胜奖。在奋进过程中收获是一种美好的享受。以上同学在文稿整理过程中的认真负责态度让我敬佩，他们的表现也让我明白，这个新世代有"小确幸"的一面；但是，在任务当前之时，他们可以扛得起、立得住、放得下，他们有着成为大国国民的全部要素。期待中华民族的伟大复兴在这一代人手中能够真正实现！

毛维准